杭州优秀传统文化丛书编纂委员会

主　编：周江勇
副主编：戚哮虎　许　明　陈国妹
编　委（按姓氏笔画排序）：

　　　　王　希　王　敏　王利民　王宏伟
　　　　方　毅　冯　晶　朱建明　朱党其
　　　　刘　颖　江山舞　许德清　杨国正
　　　　吴玉凤　应雪林　汪华瑛　沈建平
　　　　张鸿斌　陆晓亮　陈　波　陈　瑾
　　　　陈如根　邵根松　范　飞　卓　超
　　　　周　澍　郎健华　胡征宇　姚　坚
　　　　翁文杰　高小辉　高国飞　黄昊明
　　　　黄海峰　龚志南　章登峰　蒋文欢
　　　　程华民　童伟中　童定干　谢建华
　　　　楼郦捷

杭州优秀传统文化丛书

周江勇 主编

走遍街巷

刘晓伟 著

杭州出版社

图书在版编目（CIP）数据

走遍街巷 / 刘晓伟著 . -- 杭州：杭州出版社，2020.9
（杭州优秀传统文化丛书 / 周江勇主编）
ISBN 978-7-5565-1347-5

Ⅰ．①走… Ⅱ．①刘… Ⅲ．①城市道路—史料—杭州 Ⅳ．① K925.51

中国版本图书馆 CIP 数据核字（2020）第 171310 号

Zoubian Jiexiang

走遍街巷

刘晓伟 / 著

责任编辑	俞倩楠
装帧设计	祁睿一　李轶军
美术编辑	章雨洁
责任校对	萧　燕
责任印务	姚　霖
出版发行	杭州出版社（杭州西湖文化广场32号6楼）
	电话：0571-87997719　邮编：310014
	网址：www.hzcbs.com
排　版	浙江时代出版服务有限公司
印　刷	杭州日报报业集团盛元印务有限公司
经　销	新华书店
开　本	710 mm×1000 mm　1/16
印　张	18
字　数	221千
版印次	2020年9月第1版　2020年9月第1次印刷
书　号	ISBN 978-7-5565-1347-5
定　价	48.00元

（版权所有　侵权必究）

寄　语

　　中华优秀传统文化是中华民族的精神命脉，是我们在世界文化激荡中站稳脚跟的坚实根基。杭州拥有实证中华五千多年文明史的圣地良渚古城遗址，是首批国家历史文化名城和中国七大古都之一，历史给杭州留下了众多优美的传说、珍贵的古迹和灿烂的诗篇。西湖、大运河、良渚三大世界遗产和灵隐寺、岳庙、六和塔等饱经沧桑的名胜古迹，钱镠、白居易、苏轼、岳飞、于谦等名垂青史的风流人物，西泠篆刻、蚕桑丝织技艺、浙派古琴艺术等代代传承的非物质文化遗产，形成了完整的文化序列、延绵的城市文脉。"杭州优秀传统文化丛书"旨在保护城市文化遗存、弘扬优秀传统文化，包括一部专著和十个系列一百余册书籍，涵盖城史文化、山水文化、名人文化、遗迹文化、艺术文化、思想文化等方方面面，以读者为中心，具有"讲故事、轻阅读、易传播"的特点。希望广大读者能通过这套丛书，走进处处有历史、步步有文化的人间天堂，品读历史与现实交汇的独特韵味，在坚定文化自信中当好中华文明的薪火传人。

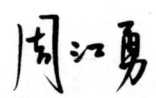

周江勇

　　（周江勇，中共浙江省委常委、杭州市委书记，"杭州优秀传统文化丛书"主编）

序言

文化是城市最高和最终的价值

我们所居住的城市，不仅是人类文明的成果，也是人们日常生活的家园。各个时期的文化遗产像一部部史书，记录着城市的沧桑岁月。唯有保留下这些具有特殊意义的文化遗产，才能使我们今后的文化创造具有不间断的基础支撑，也才能使我们今天和未来的生活更美好。

对于中华文明的认知，我们还处在一个不断提升认识的过程中。

过去，人们把中华文化理解成"黄河文化""黄土地文化"。随着考古新发现和学界对中华文明起源研究的深入，人们发现，除了黄河文化之外，长江文化也是中华文化的重要源头。杭州是中国七大古都之一，也是七大古都中最南方的历史文化名城。杭州历时四年，出版一套"杭州优秀传统文化丛书"，挖掘和传播位于长江流域、中国最南方的古都文化经典，这是弘扬中华优秀传统文化的善举。通过图书这一载体，人们能够静静地品味古代流传下来的丰富文化，完善自己对山水、遗迹、书画、辞章、工艺、风俗、名人等文化类型的认知。读过相关的书后，再走进博物馆或观赏文化景观，看到的历史遗存，将是另一番面貌。

过去一直有人在质疑，中国只有三千年文明，何谈五千年文明史？事实上，我们的考古学家和历史学者一直在努力，不断发掘的有如满天星斗般的考古成果，实证了五千年文明。从东北的辽河流域到黄河、长江流域，特别是杭州良渚古城遗址以 4300—5300 年的历史，以夯土高台、合围城墙以及规模宏大的水利工程等史前遗迹的发现，系统实证了古国的概念和文明的诞生，使世人确信：这里是古代国家的起源，是重要的文明发祥地。我以前从来不发微博，发的第一篇微博，就是关于良渚古城遗址的内容，喜获很高的关注度。

我一直关注各地对文化遗产的保护情况。第一次去良渚遗址时，当时正在开展考古遗址保护规划的制订，遇到的最大难题是遗址区域内有很多乡镇企业和临时建筑，环境保护问题十分突出。后来再去良渚遗址，让我感到一次次震撼：那些"压"在遗址上面的单位和建筑物相继被迁移和清理，良渚遗址成为一座国家级考古遗址公园，成为让参观者流连忘返的地方，把深埋在地下的考古遗址用生动形象的"语言"展示出来，成为让普通观众能够看懂、让青少年学生也能喜欢上的中华文明圣地。当年杭州提出西湖申报世界文化遗产时，我认为是一项需要付出极大努力才能完成的任务。西湖位于蓬勃发展的大城市核心区域，西湖的特色是"三面云山一面城"，三面云山内不能出现任何侵害西湖文化景观的新建筑，做得到吗？十年申遗路，杭州市付出了极大的努力，今天无论是漫步苏堤、白堤，还是荡舟西湖里，都看不到任何一座不和谐的建筑，杭州做到了，西湖成功了。伴随着西湖申报世界文化遗产，杭州城市发展也坚定不移地从"西湖时代"迈向了"钱塘江时代"，气势磅礴地建起了杭州新城。

从文化景观到历史街区，从文物古迹到地方民居，众多文化遗产都是形成一座城市记忆的历史物证，也是一座城市文化价值的体现。杭州为了把地方传统文化这个大概念，变成一个社会民众易于掌握的清晰认识，将这套丛书概括为城史文化、山水文化、遗迹文化、辞章文化、艺术文化、工艺文化、风俗文化、起居文化、名人文化和思想文化十个系列。尽管这种概括还有可以探讨的地方，但也可以看作是一种务实之举，使市民百姓对地域文化的理解，有一个清晰完整、好读好记的载体。

传统文化和文化传统不是一个概念。传统文化背后蕴含的那些精神价值，才是文化传统。文化传统需要经过学者的研究提炼，将具有传承意义的传统文化提炼成文化传统。杭州在对丛书作者写作作了种种古为今用、古今观照的探讨交流的同时，还专门增加了"思想文化系列"，从杭州古代的商业理念、中医思想、教育观念、科技精神等方面，集中挖掘提炼产生于杭州古城历史中灵魂性的文化精粹。这样的安排，是对传统文化内容把握和传播方式的理性思考。

继承传统文化，有一个继承什么和怎样继承的问题。传统文化是百年乃至千年以前的历史遗存，这些遗存的价值，有的已经被现代社会抛弃，也有的需要在新的历史条件下适当转化，唯有把传统文化中这些永恒的基本价值继承下来，才能构成当代社会的文化基石和精神营养。这套丛书定位在"优秀传统文化"上，显然是注意到了这个问题的重要性。在尊重作者写作风格、梳理和讲好"杭州故事"的同时,通过系列专家组、文艺评论组、综合评审组和编辑部、编委会多层面研读,和作者虚心交流,努力去粗取精,古为今用,这种对文化建设工作的敬畏和温情,值得推崇。

人民群众才是传统文化的真正主人。百年以来,中华传统文化受到过几次大的冲击。弘扬优秀传统文化,需要文化人士投身其中,但唯有让大众乐于接受传统文化,文化人士的所有努力才有最终价值。有人说我爱讲"段子",其实我是在讲故事,希望用生动的语言争取听众。今天我们更重要的使命,是把历史文化前世今生的故事讲给大家听,告诉人们古代文化与现实生活的关系。这套丛书为了达到"轻阅读、易传播"的效果,一改以文史专家为主作为写作团队的习惯做法,邀请省内外作家担任主创团队,组织文史专家、文艺评论家协助把关建言,用历史故事带出传统文化,以细腻的对话和情节蕴含文化传统,辅以音视频等其他传播方式,不失为让传统文化走进千家万户的有益尝试。

中华文化是建立于不同区域文化特质基础之上的。作为中国的文化古都,杭州文化传统中有很多中华文化的典型特征,例如,中国人的自然观主张"天人合一",相信"人与天地万物为一体"。在古代杭州老百姓的认知里,由于生活在自然天成的山水美景中,由于风调雨顺带来了富庶江南,勤于劳作又使杭州人得以"有闲",人们较早对自然生态有了独特的敬畏和珍爱的态度。他们爱惜自然之力,善于农作物轮作,注意让生产资料休养生息;珍惜生态之力,精于探索自然天成的生活方式,在烹饪、茶饮、中医、养生等方面做到了天人相通;怜惜劳作之力，长于边劳动，边休闲娱乐和进行民俗、艺术创作，做到生产和生活的和谐统一。如果说"天人合一"是古代思想家们的哲学信仰，那么"亲近山水，讲求品赏"，应该是古代杭州人的生动实践，并成为影响后世的生活理念。

再如，中华文化的另一个特点是不远征、不排外，这体现了它的包容性。儒学对佛学的包容态度也说明了这一点，对来自远方的思想能够宽容接纳。在我们国家的东西南北甚至是偏远地区，老百姓的好客和包容也司空见惯，对异风异俗有一种欣赏的态度。杭州自古以来气候温润、山水秀美的自然条件，以及交通便利、商贾云集的经济优势，使其成为一个人口流动频繁的城市。历史上经历的"永嘉之乱，衣冠南渡"，"安史之乱，流民南移"，特别是"靖康之变，宋廷南迁"，这三次北方人口大迁移，使杭州人对外来文化的包容度较高。自古以来，吴越文化、南宋文化和北方移民文化的浸润，特别是唐宋以后各地商人、各大商帮在杭州的聚集和活动，给杭州商业文化的发展提供了丰富营养，使杭州人既留恋杭州的好山好水，又能用一种相对超脱的眼光，关注和包容家乡之外的社会万象。这种古都文化，也代表了中华文化的包容性特征。

城市文化保护与城市对外开放并不矛盾，反而相辅相成。古今中外的城市，凡是能够吸引人们关注的，都得益于与其他文化的碰撞和交流。现代城市要在对外交往的发展中，进行长期和持久的文化再造，并在再造中创造新的文化。杭州这套丛书，在尽数杭州各色传统文化经典时，有心安排了"古代杭州与国内城市的交往""古代杭州和国外城市的交往"两个选题,一个自古开放的城市形象,就在其中。

"杭州优秀传统文化丛书"在传统和现代的结合上,想了很多办法,做了很多努力,他们知道传统文化丛书要得到广大读者接受,不是件简单的事。我们已经走在现代化的路上,传统和现代的融合,不容易做好,需要扎扎实实地做,也需要非凡的创造力。因为,文化是城市功能的最高价值,也是城市功能的最终价值。从"功能城市"走向"文化城市",就是这种质的飞跃的核心理念与终极目标。

2020 年 9 月

(单霁翔,中国文物学会会长)

湖山佳趣图（局部）

目 录

001　大井钱塘称第一——大井巷

　　　延伸足迹：元宝街

015　勾山樵舍望伊人——勾山里

　　　延伸足迹：孝子坊　郭婆井巷

025　古梅香自佑圣观——佑圣观路

　　　延伸足迹：梅花碑

033　清河坊里寻太平——太平巷

　　　延伸足迹：河坊街

040　怜忠祠里留清白——祠堂巷

　　　延伸足迹：高银巷

049　水墨雅扇化纠纷——扇子巷

　　　延伸足迹：柳翠井巷　打铜巷

056　冷面寒铁护城神——城隍牌楼巷

　　　延伸足迹：十五奎巷

064　白马渡河救康王——白马庙巷

　　　延伸足迹：太庙巷

069	小巷走出御医官——严官巷
	延伸足迹：高士坊巷
074	独中三元文毅公——三元坊巷
	延伸足迹：东平巷
080	最闹街市羊坝头——羊坝头
	延伸足迹：红门局
086	夫妇惠民最相宜——惠民路
	延伸足迹：后市街
091	百井有眼看兴替——百井坊巷
	延伸足迹：皇亲巷　耶稣堂弄
099	小楼深巷听春雨——孩儿巷
	延伸足迹：竹竿巷　麒麟街
109	石桥相斗见人心——斗富桥
	延伸足迹：五柳巷
115	禅寺夜闻潮鸣声——潮鸣寺巷
	延伸足迹：回龙庙前　醋坊巷

123	冬暖夏凉缸甏屋——缸甏弄
	延伸足迹：瓦子巷
129	草鞋换得感恩桥——骆驼桥河下
	延伸足迹：羊千弄
135	传世珍宝一捧雪——莫衙营
	延伸足迹：永康巷
141	剑胆诗心东园情——刀茅巷
	延伸足迹：珠碧弄
147	龙潭深处藏豪门——七龙潭
	延伸足迹：海狮沟　夏侯巷
155	师徒齐名天下闻——助圣庙巷
	延伸足迹：池塘巷　青云街
163	老宅易主情怀在——岳官巷
	延伸足迹：六克巷
168	文武居士本杭人——东坡路
	延伸足迹：学士路　蕲王路

176	义父孝女照汗青——岳王路	
	延伸足迹：孝女路	
184	以身殉教兴女学——惠兴路	
	延伸足迹：嘉树巷　石贯子巷	
193	方谷有梦飞天外——方谷园	
	延伸足迹：小营巷　永宁院巷	
202	宰相府里蝙蝠红——清吟巷	
	延伸足迹：大塔儿巷	
209	江桥渔火第一香——香积寺巷	
	延伸足迹：霞湾巷　卖鱼桥	
220	留得信义身后名——信义巷	
	延伸足迹：珠儿潭巷	
226	江郎梦笔有真才——江寺路	
232	妆成只为家国情——西兴老街	
238	天理昭昭雪沉冤——澄清街	
243	功成衣锦好还乡——衣锦街	
247	上善若水润村风——甽口村	

252	申屠百行孝为先——荻浦村
256	皇宫才女多村姑——西门街
260	马前泼水负薪郎——洋溪老街
264	参考文献

大井钱塘称第一——大井巷

大井巷：东通鼓楼，西出河坊巷而对上后市街，以有大井而得名。

——钟毓龙《说杭州》

很久以前，杭州的一条小巷里住着一个老人叫王婆，自酿老酒出售，酿酒剩下的酒糟用来喂猪，靠此维持生计。

有一年冬天，一个老道士经过王婆家，王婆见他冻得瑟瑟发抖，就给他斟了一碗酒御寒。老道士老酒落肚，身体暖和起来，没付钱就走了。以后连续多日，老道士每天都来喝一碗酒，然后一声不吭地拂袖而去，王婆从不计较，总是热情相待，没要过一分钱。

王婆家没有水井，要到很远的地方去挑水。有一天，老道士见王婆吃力地挑着两桶水进门，终于开口说话了："你请我喝了这么多酒，我没钱给你，就挖口井作为回报吧。"于是，他在院子里挖了一口井，以后再也没来喝过酒。

这口井看似普通，却很神奇，王婆打上来的井水散发着一股酒香，喝了一口，竟然是味道甘醇的老酒。她从此不再酿酒，就卖从井里打出的老酒，井水源源不断，老酒香满小巷，买酒的人不断，生意比以前好多了。

过了一年，老道士又来了。他问道："这酒好不好？"王婆回答说："现在我不用酿酒，当然好呀，可是我的猪没有酒糟吃了。"老道士来到井边，感叹道："小井变大井，婆心比天高。井水当酒卖，还说猪无糟。"

从这以后，井水变成了普通的水。王婆后悔自己不该贪得无厌，就把这口井挖得更深，把井口开得更大，让邻里百姓无偿使用。王婆去世后，人们感谢她的善行，在井边盖了王婆庙，庙里供着王婆的塑像。

一天，那个老道士又来了，看着王婆的塑像点点头，要来纸笔写了一副对联贴在庙门上。人们上前一看，对联写的是："钱多义少；情重财轻。"

这口大井所在的小巷位于吴山东北麓，长约300米，南端始于鼓楼，北端连接河坊街。它原先叫吴山坊，因为大井而远近闻名，南宋时改名为吴山井巷，后来就干脆叫大井巷了。

大井巷里的大井至今还在，井里盛满了各种各样的故事。

相传大井和钱塘江相通，明朝崇祯年间，江里有两条乌蛇精常游到井里产卵，使清澈的井水发黑变臭，无法饮用。居民想尽办法也赶不走它们，更没人敢跳到井里去杀死乌蛇。

大井的旁边住着一个姓张的铁匠，母亲在山泉边洗衣服时生下他，所以取名张小泉。他看到乌蛇作乱，决心为民除害。他从药铺买了两斤雄黄粉，倒进一坛老酒里拌匀，喝下几口老酒，把剩余的老酒浇遍全身，拿着一把大锤跳入井中，深吸一口气，潜入井底。只见两条

大井巷的旧貌新颜（左：20世纪90年代　右：2020年）

乌黑的大蛇，足有胳膊那么粗，它们把颈项扭在一起，甩动身子，想合力把他缠住。张小泉挥动铁锤猛砸蛇的七寸部位，经过奋力搏斗，终于将蛇杀死。

张小泉爬出井口，众人帮他把两条蛇从井里拉出来，只见它们的身子紧紧相缠，七寸处被铁锤砸扁了粘在一起，两条尾巴向外弯成对称的圆圈。张小泉由此受到启发，他原先做的剪刀，两个握柄是直的，用起来使不上劲，便模仿蛇身形状改成对称的弯柄，造型比原先新颖美观，用起来也更加顺手省力。

从此，大井的水重新变得清澈起来，张小泉制作的弯柄剪刀也名闻天下，成为杭州的传统特产，清朝乾隆年间还被列入朝廷贡品。

像王婆卖酒一样，这也是个民间传说。不过，张小泉剪刀店制作质量上乘的剪刀，当年用的就是大井里的水，这是可以相信的，民间有诗为证（见《武林市肆吟》）：

利似春风二月天，掠波燕子尾涎涎。

并家新样张家好，紧对吴山第一泉。

传说归传说，这口大井之所以名气很大，最主要的原因是它千百年来一直造福于民。

南宋淳祐七年（1247），江南大旱，杭州城里的河道干涸见底，水井也几乎枯竭，百姓无处取水，干渴难耐。就在这紧要关头，人们听说在城隍山脚的一条小巷里有一口井，怎么用也不会枯竭，于是挑着木桶、端着脸盆纷纷赶来，果见井水清澈，取之不尽，百姓就靠这口水井渡过了难关。

这口救命井为何这样神奇呢？这就要说到一位名叫德韶的和尚。

德韶（891—972），浙江龙泉人，15岁出家，云游名寺禅院，求教高僧佛理，几经辗转来到江西临川，拜法眼宗（禅宗五家之一）创始人文益禅师为师。学法不久，他便浅尝辄止，得过且过。有一天，一个僧人问文益禅师："如何是曹溪一滴水？"文益禅师答道："是曹溪一滴水。"旁边的德韶听见后，顿时开悟，从此潜心研习佛学，成为文益禅师的高足。后来，德韶又到天台国清寺修行，终于成为高僧，时任台州刺史的钱俶常向他问道求教，两人交往密切。

五代后汉乾祐元年（948），钱俶继任吴越王位，邀请德韶到杭州，尊其为国师。德韶一边讲经弘法，一边行善济民。

旧时的杭城靠近钱塘江入海口，江潮咸涩，无法饮用。德韶为解决百姓用水困难，在城隍山麓探查到地下泉脉，让人凿了一口周长四丈的大井，上开五眼，井底与吴山的泉脉相通，清凉宜人，终年不竭。据南宋《咸淳临安志》记载："品其水味，为钱塘第一，盖山脉融液，独源所钟，不杂江湖之味，故泓深莹洁，异于众泉。"明万历《钱塘县志》这样描述："寒泉迸溢，清甘不竭。"因此，民间称这口井为"寒泉"。人们常将其与虎跑泉、龙井、玉泉、郭婆井并称为"杭州之圣水"。

凿井引泉，润泽四方百姓，可谓功德无量。杭州知府为了彰显德韶的善举，在大井所在位置建祠盖亭。明洪武七年（1374），浙江参政徐本在井边立一石碑，上刻"吴山第一泉"，在石碑后面记述此井的来由，表示饮水不忘挖井人。这口大井还享有"钱塘第一井"的美名。据史料统计，自591年至1930年的1300多年里，杭州共有4842口水井，这口大井被称作"第一"，足见名气之大。

现在，这口有着悠久历史的水井是浙江省省级文物保护单位，吸引着四方游客前来寻古探幽，观井思源。

大井巷里还有不少很有名气的店铺，例如朱养心膏药店、胡庆余堂药店、张小泉剪刀店、王老娘木梳店，这些店家制作产品用的都是大井的水。

大井对面的13号墙门就是朱养心膏药店。明朝万历年间，浙江余姚人朱养心在这里开店，用大井和自家院内的一口井取水熬制膏药，专治跌打损伤、痈疽疮毒等病痛，疗效显著。遇到穷苦人家无钱买药，朱养心就为他们免费治病，分文不收。

有一天，一个穿着破旧衣衫的老头一瘸一拐地走进店里，朱养心见他的两只脚长满毒疮，流着脓血，赶紧端来热水，亲自给他洗净创口，敷上膏药。不料老头抬脚起身时，踢翻了洗脚盆，盆里的脏水泼进了旁边的药缸里。朱养心见老头可怜，不仅没有责怪，还留他在店里住下，每天给他洗脚换药。过了半个月，老头治好了脚，他指着药缸对朱养心说道："我没有东西答谢，只是通晓一点医术，都留在这药缸里了。"临走时，他还在药店墙上画了一条喷水的乌龙，然后告辞离去。

从这以后，朱养心膏药店的膏药果然药效更好了，人称"铜绿膏"，其中的五香膏、阿魏狗皮膏、鸡眼膏和珍珠八宝眼药尤其有名。原来，那个跷拐儿老头就是道家的八仙之首铁拐李，炼得专治风湿骨痛的药膏，被封为"药王"，他听说朱养心的作为后，慕名前来药店探访，果见名副其实，便留下那缸"药汤"。后来，大井巷发生火灾，烧掉很多房屋，朱养心膏药店却安然无恙，人们说一定是铁拐李画的那条喷水的乌龙显灵了。

时过境迁，大井巷里的有名店堂或已不存，或已搬迁，只有一家百年国药老店还在原地，依旧生意兴隆，名扬四方，这就是胡庆余堂。

20世纪90年代的钱塘第一井

胡庆余堂位于大井巷北端巷口，毗邻河坊街，整个建筑像一只仙鹤栖居吴山脚下，象征延年长寿，是杭州唯一保存完整的清代徽派商用建筑，被列为全国重点文物保护单位。而药店最早的老板就是红顶商人胡雪岩。

胡雪岩祖籍安徽，自幼丧父，来到杭州一家钱庄当学徒，凭借聪颖能干受到老掌柜赏识，继承了阜康钱庄。后因给左宗棠筹措军款药品，被朝廷加封为从二品，以红珊瑚为顶戴，成为名噪一时的"红顶商人"。富甲一方的胡雪岩不满足做一个官商，清同治十三年（1874），他创建胡庆余堂，用中医药广济世人。

清代中叶，中医药业繁盛，杭州成为江南中药生产销售集散地。胡雪岩将药店开在大井巷，可谓集天时地利人和。从钱塘江上游和对岸来杭的香客，可以从南星桥码头上岸，经由大井巷到吴山城隍庙进香，香客游人路过胡庆余堂，看到恢宏的建筑和气派的门面，常会进去看看。里面回廊曲折，厅堂宽敞，可以寻药问诊，也可以驻足休憩，人气自然很旺。胡雪岩还在药店临靠河坊街的高墙上写了"胡庆余堂国药号"，每个字都有一丈见方，让人过目难忘，杭城家喻户晓，足见中国商人早就有了广告意识。

光靠门面聚集人气是不够的，更要靠优质诚信的服务赢得人心，传奇商人胡雪岩深谙此道。他认为："凡百贸易均着不得欺字，药业关系性命，尤为万不可欺。"为此，他亲笔写下"戒欺"二字制成匾额，作为店训高悬药堂，还把孟子的名言"医者，是乃仁术"刻在门厅墙上。他告诫员工要靠"戒贪"经商，以"仁术"济民，坚持诚信行医，决不弄虚作假。药店广收古方、验方和秘方，结合临床实践调制成四百多种中药，每一种药都遵循"采办务真，修制务精"的祖训，精益求精，"真

胡庆余堂大厅

不二价"。

　　传说胡庆余堂开业不久,有一个苦读十年经书的贫穷书生,终于考上举人,不料兴奋过度,引发癫狂病,家人乐极生悲,到处寻医不见效果,就来胡庆余堂求治。坐堂名医诊断后,认为服用"龙虎丸"才能治愈,家人转悲为喜,可是这种药需用砒霜配制,而砒霜剧毒,配制时如果药粉不匀,服后性命难保。药工不敢配制此药,胡雪岩急人所急,告诉药工一个"秘方":将砒霜和其他药粉摊放在竹匾上,用木棍在药粉上书写"龙虎"二字,要写999遍才行。药工如法炮制,砒霜和其他药粉经木棍反复划拨,搅拌均匀,制成药丸后,病人服用果然见效。

　　传说只是一说,但由此可见胡庆余堂的诚信经商和仁术济民。正是依靠这样的经营之道和立业之本,百年老店才长盛不衰,享有"北有同仁堂,南有庆余堂"的

河坊街胡庆余堂高墙

美誉，被定为首批中华老字号，入围首批国家级非物质文化遗产名录。

一代巨商胡雪岩做的善事还有很多。

清朝末年，杨乃武和小白菜蒙受冤屈被判死刑，家人伸冤无望，走投无路，想去京城告御状，却苦于无钱。胡雪岩听说后，就资助他们赴京伸冤的全部费用，最终使二人无罪释放。

旧时的杭城，晚上街巷没有照明。胡雪岩看到人们摸黑行走十分不便，就在大井巷竖立多根木杆，上挂灯笼，一到夜晚便点亮灯笼，为来往路人照明。大井巷由此成为当时杭州城里第一条有"路灯"的小巷。

2012年，大井巷经过保护性重建，成为与河坊街相

胡庆余堂墙雕"是乃仁术"

连的历史文化街区。各地游客到此一游，还有学美术的学生来这里写生，他们在画板上勾勒疏密有致的线条，就像在为千年古城描画岁月留下的皱纹。

延伸足迹：元宝街

元宝街：东起金钗袋巷北段，西贯牛羊司巷至袁井巷。……为现时杭城唯一之石板路。元时省府宝藏库在朝天门外，其旧址疑即在此，故名。胡庆余堂国药号创始人胡雪岩曾居此。
——杭州市地名委员会办公室编《杭州市地名志》

要了解胡雪岩其人其事，最好再到他的故居游览一下。胡雪岩故居离胡庆余堂不远，沿着大井巷往东走，经过鼓楼（旧时称朝天门），穿过中河路就到了。

要问杭州城里最窄的一条用青石板铺成的老街在哪里，人们大多答不出来，如果在"街"前加上"元宝"二字，知道的人就多了，这就是元宝街。它东端通往金钗袋巷，西端连接中河路。称它为街，其实只是一条用青石板铺成的，2米多宽、100多米长的小巷。

别看元宝街窄小，可是"财气"最旺。元代时，省府富藏库就设在这里，故名元宝街。据《武林坊巷志》记载："今之元宝街，疑即元之富藏库址，元宝或因富藏称欤。"民间的说法更为形象：这条街的地面中间高，两头低，形似一个倒置的元宝，可以聚集钱财，故称元宝街。说它财气最旺，还因为红顶商人胡雪岩的"江南第一豪宅"就在这里。

元宝街与豪门贵族有着不解之缘。南宋丞相秦桧曾在此建有豪宅，后来经过多次扩建，成为宋高宗赵构用来颐享天年的德寿宫的一部分。清同治十一年（1872），红顶商人胡雪岩耗资300万两白银，用时三年，在这里（今元宝街18号）建成豪宅。

这座豪宅占地十余亩，"所置松石花木，备极奇珍。姬妾成群，筑十三楼以贮之"。宅内青砖黛瓦，红楼紫阁，其中的楠木厅雕梁画栋，富丽堂皇，堪称旷世奇楼。宅邸后面的芝园（胡雪岩为纪念父亲胡芝田而取名），风亭水榭，假山碧池，回廊曲桥，清雅秀美，是清代名扬四方的私宅园林，也是杭州现存较为完整的晚清名园。

传说当初建这座豪宅时，胡雪岩请风水先生测了风水。风水先生说地基定要正方形，大门必须朝南开，这叫"宝地一方，福居财旺"，门前要铺上大块青石板，

元宝街的旧貌新颜（左：20 世纪 90 年代　右：2020 年）

这叫"青云之路，生财有道"。铺路容易，胡雪岩有的是钱，马上买来一百多块上好的青石板，可是要地基方正，却让他犯愁了。

原来，在准备建宅的这块宝地的西北角，住着一户人家，主人说房子是祖传产业，如果把宅基地让给别人，是不肖子孙，无论给多少钱都不肯搬离。百般无奈之下，风水先生出了一个主意：地基须正方，西北缺一角，就在东南补，可用石头做一个大元宝，放在宅基地东南角"压财"。胡雪岩采纳了这个建议，于是，在豪宅东南角围墙外的青石板路上，放置了一个石头做的大元宝，为这条小巷平添了一个独特的景物。

世事难料，胡雪岩与成群妻妾在这座豪宅只住了九年，便因官场纷争遭到排斥，致使经商屡屡受挫，终至破产。

清光绪十一年（1885），一代富商在失意惆怅中离世。其宅邸先后辗转于多个家族，后来一度成为民居杂院，豪华气派的宅院在百年风雨的剥蚀下颓败殆尽。

2000 年，杭州市政府不惜重金，将胡雪岩故居按其原貌整修一新，其成为对外开放的游览景点，后为全国重点文物保护单位。老宅重展新颜，不知昔日的房主胡雪岩在九泉之下闻之，是否也会舒展眉头？

元宝街的东端巷口还有另一个"名宅"，就是元宝街 1 号。南宋时这里是宰相府，清代是道台府，民国时安徽茶商在此开设源丰祥茶号，从而留下这一徽派建筑群，是杭州市市级文物保护单位。为了纪念 1949 年 10 月 23 日成立的新中国第一个居委会——杭州市上城区上羊市街居委会，2008 年，源丰祥茶号旧址改建为全国首个"社区建设史料展示中心"。

胡雪岩故居

时光如水，带着如烟往事在高墙和青石板间悄然流逝。今天，人们漫步于这条幽静的小巷，可以浏览一座建筑的兴衰图景，回顾一代名流的起伏人生。

勾山樵舍望伊人——勾山里

> 勾山樵舍：在清波门荷花池头之西，有小阜，旧名竹园山……翰林院侍讲学士、太常寺卿、书法家陈兆仑乃卜居于此。陈号勾山，名其舍曰勾山樵舍。乾隆十六年，其孙女端生在此出生。端生后以撰写弹词《再生缘》知名于世。今勾山里侧有勾山樵舍故址。
>
> ——钟毓龙《说杭州》

"柳浪闻莺"是西湖十景之一，隔着南山路，对面有一条在坡地上延伸的小巷，叫勾山里，它的西端始于南山路，东端连接荷花池头。这里毗邻车水马龙的景区大道，却是环境幽静，漫步小巷，可以穿越历史，与古代一位著名的才女相遇。

元朝成宗年间，尚书孟士元有一个女儿叫孟丽君，貌美才高，许配给云南总督皇甫敬的儿子皇甫少华，不料另一高官的儿子刘奎璧也看中孟丽君，孟士元让两人比武决定谁娶女儿，结果皇甫少华赢了。刘奎璧不肯罢休，利用父亲权势让皇甫全家获罪，并想害死皇甫少华，皇甫少华被迫改名王少甫出走他乡。

刘奎璧强娶孟丽君，新娘不从，投湖自尽，被丞相梁鉴救起，收为义女。其实新娘并非孟丽君，而是她奶

勾山里的旧貌新颜（上：20世纪90年代　下：2020年）

妈的女儿映雪，映雪为救孟丽君而假扮新娘。

　　孟丽君不愿屈服礼教束缚和恶人迫害，改名郦君玉，女扮男装，入京参加会试名列榜首，丞相梁鉴不知实情，把义女映雪嫁给孟丽君。孟丽君考中状元后，担任主考官，看到考生王少甫武艺高强，一举夺魁，录他为武状元，并向朝廷推荐重用。王少甫带兵抗击外敌全胜而归，被朝廷封为忠孝王，孟丽君却不知这位武状元正是从未见过面的未婚夫皇甫少华。

孟丽君后来当了丞相，治国有方，铲除奸臣，但是和父亲、公公、未能成婚的夫婿同在朝堂而不相认。有一天，孟丽君喝醉酒显露真身，皇上得知，免除她的欺君之罪，却想逼她入宫为妃……

欲知后事如何，且听下回分解。

以上讲述的故事出自一部古代名著《再生缘》。可惜的是，想听"下回分解"的读者无法听到如何讲解"后事"了，因为作品尚未完篇，作者的生命却画上了句号。

这位作者就是清代女文学家陈端生，她的故居就在勾山里。

清朝雍正年间，有一位进士叫陈兆仑，号勾山，是桐城派代表作家方苞的弟子，文才很高，有"文章宗匠"之称，担任过翰林院侍讲学士、太常寺卿等职。他在西子湖畔的这个坡地建造宅邸，给宅邸取名"勾山樵舍"，这里便叫勾山里。方苞游杭州时曾来过这里，称此地"根源盛大，望之有深山大泽、龙虎变化气象"。勾山里是否有这样的"气象"不得而知，倒是勾山樵舍不仅名字别致，更有别样景致：坐山面湖，推窗可见烟柳粉荷，出门即入山水画图。

清乾隆十六年（1751），有一个女孩在勾山樵舍诞生，取名陈端生。她的祖父就是陈兆仑，父母也都能诗会文，这个出身于书香门第的女孩，从小受家庭文化熏陶和秀丽湖山浸染，满腹诗书，一身才情。

陈端生 18 岁时，开始创作七言排律叙事诗（即长篇弹词）《再生缘》，历时 16 年，完成 17 卷，共 60 万字，其间家庭连遭变故，祖父去世，父母病亡，女儿夭折，

勾山里与勾山樵舍

丈夫因乡试作弊被遣送新疆戍边。命运的沉重打击使她卧床不起，不得不收墨搁笔，回想和丈夫灯下吟诗、窗前对词的情景，贫病交迫的她落寞无助。后人曾写诗感慨："从古才人易沦谪，悔教夫婿觅封侯。"等到丈夫遇赦回到杭州时，陈端生已带着不尽的期盼和无奈离开人世，年纪还不过半百，只留下《再生缘》中女主人公未解的命运之谜。而现实中情投意合的夫妻，一朝分离，竟成永别，正应了作者生前的悲叹："婿不归，此书无完全之日也！"

一代才女，英年早逝，《再生缘》未能终稿。时隔多年，杭州女作家梁德绳与之有"缘"，使其"再生"，她补续三卷，《再生缘》得以完篇。梁德绳在"尾言"里感叹道：

> 再生缘，接续前书玉钏缘。业已词登十七卷，未曾了结这前缘。既续前缘缘未了，空题名目再生缘。

《再生缘》留给世人的并非是"空题名目"，而是一出巾帼不让须眉、追求男女平等的经典大剧。这部作品结构宏大，情节曲折，人物生动，文辞优美，韵律和谐，是我国古代浪漫主义的优秀作品。陈寅恪称赞"端生此等自由及自尊即独立之思想，在当日及其后百余年间，俱足惊世骇俗，自为一般人所非议"，并称《再生缘》为"弹词中第一部书"，郭沫若认为可与《红楼梦》并称为"南缘北梦"。《再生缘》问世以后，世人广为传抄，还被改编成越剧、黄梅戏《孟丽君》搬上舞台，并成为弹词演唱的传统剧目。

历经两百多年的风雨，斯人已逝，勾山仍在，樵舍早已不存，现在的两层青砖小楼为民国初期所建。1961年，郭沫若来杭州探访勾山樵舍时赋诗一首：

> 莺归余柳浪，燕过胜松风。
> 樵舍勾山在，伊人不可逢。

2013年，杭州市政府将勾山樵舍列为杭州市文物保护单位，对房屋和环境做了全面整修。游人路过勾山里，常会探身张望，看到院墙上铜雕的"再生缘"三个字，不知会有多少人知晓那个巾帼不让须眉的动人故事，又会有多少人想起那位集才华与悲情于一身的杭州才女，真可谓——

西子浸润才女情，樵舍有幸书再生。人生苦短缘未了，勾山里头望伊人。

延伸足迹：孝子坊

> 周孝子弄：在清波门北，今名孝子坊。北达荷花池头，南抵清波门直街，东通四条巷，西有二弄。……南宋初，理学家周敦颐之孙奉周之遗像来杭避金兵之乱，于像片刻不离，人称孝子，弄因此得名。
> ——钟毓龙《说杭州》

从勾山里沿着荷花池头往南走到河坊街，街对面有一条小巷，它的北端始于河坊街，南端与清波街相通，这就是孝子坊。

北宋天禧五年（1021），重阳节那天，几个人来到湖南一个叫楼田堡村的地方，看到村前的五个大土坡，有人提议给五个土坡各起一个名字，大家你说一个我说一个，都不满意。村里的一个男孩在旁边玩耍，随口说道："这五个土坡就像五颗星星，东边的叫木星，南边的叫火星，西边的叫金星，北边的叫水星，中间的叫土星，合在一起就叫五星堆好了。"几个人都说取得好，从此，"五星堆"便成了当地一景。

这个男孩叫周敦颐，长大后成为社会名家，今天的人们对下面这段话一定不会陌生："予独爱莲之出淤泥而不染，濯清涟而不妖，中通外直，不蔓不枝，香远益清，

勾山樵舍望伊人——勾山里

孝子坊

亭亭净植，可远观而不可亵玩焉。"这就是周敦颐写的散文《爱莲说》里的一段话，是中学生都会背诵的古文名句。

周敦颐（1017—1073），道州（今湖南道县）人，从小喜欢探究，勤于思考，后来潜心研究理学，提倡文以载道，尊师重教，成为著名的理学家和文学家。

周敦颐为官清正廉洁，一生喜爱荷花。他在江西创办濂溪书院讲学时，在堂前自挖池塘，取名"莲池"，闲时临池赏花，写就散文《爱莲说》，通过赞美莲花"出淤泥而不染"的高洁形象，借花喻人，表达了对趋炎附势风气的厌恶，对洁身自好品格的追求，寥寥119个字，成为千古名篇。

南宋时，金兵不断南侵，周敦颐的孙子为了躲避战乱，携带祖父周敦颐的遗像，费尽周折来到杭州，居住在这条小巷。他在屋内供奉祖像，时刻守护，不敢远离，并在毗邻小巷的清波门外建周敦颐祠，人们称他是孝子，小巷便叫周孝子弄，后来改叫孝子坊。民间传说周敦颐遗像上盖有宋代皇帝印章，还有明代著名书法家董其昌的题字，均为珍贵文物，可惜都在清代咸丰年间毁于战乱。

如今，风雨飘摇的老屋旧宅经过整修，白墙黑瓦的江南民居重现小巷。当年的周家子孙怀抱祖像辗转南归，不仅是出于对列祖列宗的孝顺之道，还有对家乡故土的执着情怀。

孝子坊，承载的便是这样的孝道和情怀。

郭婆井巷

郭婆井巷：东北出四宜亭，西出花牌楼，在铁冶岭东。宋《志》已有此名。

——钟毓龙《说杭州》

走出孝子坊北端巷口，沿河坊街往东行不多远就到了四宜路，四宜路的西侧有一条小巷叫郭婆井巷，巷内有一口十眼水井，人称郭婆井。对于为何这样取名，民间有两种说法。

一种说法是，该井与晋代文学家郭璞有关。郭璞精通八卦，会看风水、寻水源，在各地为缺水的百姓打过很多水井。余杭塘栖的"郭璞井"就是其中之一，相传康熙皇帝南巡来到塘栖，喝了用这口井水泡的茶，称赞味道极好。郭婆井巷的这口井也是郭璞开凿，杭州方言里"璞"与"婆"发音相同，所以叫成郭婆井巷。

另一种说法同样很有味道。

相传古代有一个叫郭公的人，一家三口为解百姓饮水之难，在杭城开凿水井。郭公在高士坊巷凿一井，叫郭公井；儿子在清平山凿一井，叫郭儿井；妻子在此凿一井，人称郭婆井。

郭婆井

郭婆井位于吴山脚下，与泉脉相通，水质清澈，长年不竭。明末清初戏曲家李渔晚年居住吴山脚下，曾写《郭婆井赋》，称赞井水为"不浊不咸"的美泉。后来有书生在此居住，觉得水井叫"郭婆"不雅，遂改为"郭璞"。

郭婆井一丈见方，上开十眼，以便多人同时汲水，井圈之多，为杭州之最。2003年，郭婆井被列为杭州市市级文物保护点，修缮一新。现在仍能看到附近居民在井边汰衣洗菜，多为中老年人，而在现代都市长大的下一代人不再这样使用井水，他们只会充当水井的"看客"了。

古梅香自佑圣观——佑圣观路

佑圣观巷：北出荐桥直街，南接梅花碑，以佑圣观得名。观为南宋孝宗潜邸，光宗、宁宗均生于此。淳熙间改为道院，规模甚大，东至佑圣观巷之南端。

——钟毓龙《说杭州》

位于杭州城南的佑圣观路，南端连接河坊街，北端通往解放路，是杭城历史最长的道路之一。如果认为路名带有"圣"字，它的历史多半与皇帝或朝廷有关，这可说对了。

南宋在杭州建都后，皇宫就建在城南的凤凰山上。南宋绍兴十二年（1142），宋高宗赵构的养子赵昚被封为普安郡王。赵昚在河坊街东南侧的潜邸（登上皇位前住的府邸）居住多年，他的儿子宋光宗赵惇、孙子宋宁宗赵扩都在这里出生。宋孝宗赵昚继承皇位后住进皇宫，南宋淳熙三年（1176）把潜邸改为道院，用来供奉北极真武佑圣真君。

时隔多年，宋理宗赵昀继位。有一天，他到佑圣宫奉祀佑圣真君，要御赐一块匾额。随从拿来纸砚，赵昀挥毫弄墨，用篆体字写下"右圣宫"三个字，当时篆书的字库里没有"佑"这个字，所以写的是"右"。

道观将皇上的御笔制成匾额悬挂门厅，围观的道士纷纷点头称赞，只是看到"右"没有人字旁，在意思上难以说通，众人都觉不妥，却面面相觑，不敢直说。这时，一位道士脑筋一转，看似无意地自言自语道："宫无人，如何自立？"听者有心，传到朝廷，赵昀觉得言之有理，于是重写匾额，在"右"的左边添加人字偏旁。

元代时，佑圣宫遭火灾烧毁，元大德八年（1304）重建，改称佑圣观，这一带后来就叫佑圣观巷。

佑圣观路的旧貌新颜（上：20世纪90年代　下：2020年）

到了明代，观内设立管理道士的机构道纪司，香火一直不断。每年皇帝生日，文武官员都要到佑圣观供奉万寿龙牌，举行隆重的庆贺仪式。明崇祯十七年（1644）三月十九日，北京城被李自成的农民军攻破，崇祯皇帝在煤山悬树自尽。由于信息不通，直到四月底，浙江的官员才从自北京南归的人嘴里得知这一消息，便在五月一日齐聚佑圣观举行为皇上哭灵的仪式。

明清时，每逢三月三日北极真武佑圣真君的生辰，佑圣观都要举行庆祝活动，人们头戴荠菜花，前来进香献花，杭城便有"三春戴荠花，桃李羞繁华"的民谚。佑圣观前还会表演各种娱乐节目，其中的"雀竿之戏"更是引来众多观赏者，只见空地上竖起一根三丈高的竹竿，表演者像猴子一样身手灵活地爬到竿顶，在上面表演"金鸡独立""鹞子翻身""玉兔捣药""钟馗抹额"等惊险动作，观众一会儿屏息凝神，一会儿鼓掌喝彩，十分热闹。

清代初年，佑圣观的部分建筑改为火药局。清顺治十年（1653），火药局发生爆炸，多座殿宇被炸毁，这一带逐渐冷落，直到同治年间重修佑圣观。

佑圣观路之所以历史悠久，还因为这里曾是南宋皇帝的御苑所在。

南宋绍兴三十二年（1162），56岁的宋高宗赵构退位当了太上皇，选定原先的秦桧相府，大兴土木建造德寿宫作为养老之处。建在凤凰山麓的南宋皇宫叫"南大内"，位于北面的德寿宫又叫"北大内"，宫墙从望江路的望仙桥向北延伸，一直到佑圣观路的水亭址，东面靠近城头巷和吉祥巷，西面毗邻中河东岸，宫内楼阁殿堂无数，园林胜景处处，是南宋时杭州城里规模最大、最华丽的建筑群。

皇帝住的宫苑少不了御花园，德寿宫的后苑仿照西湖修建，楼台亭榭错落，曲径古树掩映，还有白莲碧池的"小西湖"，假山叠石的"飞来峰"，山水如画，景色优美。赵构在这里住了25年，直到81岁去世。宋孝宗赵昚退位后，也在此颐享天年，置身美景之中，他曾作诗《冷泉堂》赞道：

日长雅趣超尘俗，散步逍遥快心目。
山光水色无尽时，长将挹向杯中渌。

在德寿宫里，最让赵构和赵昚赏心悦目的是梅石园。园内种植了沁人心脾的苔梅，枝干繁茂，花姿婀娜，还有一块造型奇特的太湖石，高达1.7米，周长3米，尽显奇石的"漏、皱、丑、瘦、透"的特点，被称为"太湖石之王"，形状就像一朵出水绽放的莲花，又有"芙蓉石"的美称，因在德寿宫内，也叫"德寿石"。梅石

梅石园

园内奇石古梅相映成趣，园子由此得名。赵昚到德寿宫拜见太上皇赵构时，父子二人常在梅石园的古梅奇石前流连忘返。

弹指一挥近千年，这座规模宏大、华丽壮观的德寿宫已湮没于岁月的尘埃里，不见一点痕迹，只为后人留下不尽的疑问和想象。佑圣观也早已被拆除，所在的小巷已拓宽成路，但佑圣观作为一个文化地标，一直留存在千年古城的现实生活里。

延伸足迹：梅花碑

> 梅花碑：在佑圣观路中段西侧，地为南宋德寿宫之后囿。……庭中有芙蓉石，玲珑苍润，宛似芙蓉。又有古梅，同为德寿宫旧物。其议事厅即称"梅石双清"。其南有碑，碑上刻有明蓝瑛画石、清孙杕画梅。后清乾隆帝来杭，将此碑移至北京圆明园（今在北京大学校园内）。另摹刻一石留于原处，乾隆手书"梅花碑"三字镌于碑上，其地遂名梅花碑。
>
> ——钟毓龙《说杭州》

梅花碑是连接佑圣观路和城头巷的一条小巷，长度不到200米，这一带就是当年德寿宫的梅石园所在地。

明朝万历年间，南宋皇室早已不存，德寿宫也逐渐荒废，而梅石园里奇石依旧静卧，古梅年年绽放。浙江布政司用德寿宫的一部分建筑作为下属机构，主政官员被苔梅奇石吸引，请来花鸟绘画高手孙杕绘成《梅石双清图》，并叫工匠将《梅石双清图》镌刻在一块石碑上。画家的神来之笔和工匠的巧手技艺结合，梅石叠印，相得益彰，为梅石园增添新景，也在告示这里曾是德寿宫旧址，前来观赏的人络绎不绝，这一带因此被叫作"梅花碑"。

其实,《梅石双清图》并非孙杕一人绘制,而是和另一位名叫蓝瑛的画家合作完成,孙杕画的是梅花,蓝瑛画的是奇石。

转眼百年,朝代更替。清乾隆十六年(1751),乾隆皇帝第一次南巡来到杭州,游览德寿宫遗址,步入梅石园,见古梅早枯,碑石仍在,便赋诗一首:"傍峰不见旧梅英,石道无情亦怆情。此日荒凉德寿月,只余碑版照蓝瑛。"他想起世间对梅石碑作者的误传,又题诗为正其讹:"孙杕那须留石缺,蓝瑛实未写梅枝。"并撰写对联一副:"名迹补孙蓝,还斯旧观;清风况梅石,寓以新题。"

最让乾隆连声叫绝的是那块太湖石之王,他用衣袖拂拭芙蓉石,爱不释手,赞叹道:"皇山峭透房山壮,兼美端堪傲米家。"意思是如此精美的芙蓉石,就连明朝奇石收藏家米万钟收藏的奇石珍品都无法和它媲美。

清乾隆三十年(1765),乾隆皇帝第四次南巡杭州,旧地重游,已过天命之年的他站在梅石碑前,感慨岁月流逝,物是人非,不禁赋诗叹道:

临安半壁苟支撑,遗迹披寻感慨生。
梅石尚能传德寿,苕华又见说蓝瑛。
一拳雨后犹余润,老干春来不再荣。
五国风沙埋二帝,议和嬉乐独何情。

陪同的地方官员见皇上这样喜爱两件珍宝,就把芙蓉石和梅石碑作为贡品,用船经大运河运到北京。乾隆皇帝非常高兴,见芙蓉石形似一朵荷花,乘兴写下"青莲朵"三字，让人刻在芙蓉石上。当时圆明园里的茜园刚建成，便将芙蓉石置于茜园的太虚空院，梅石碑置于青莲朵奇石旁边，又让绘画和石刻高手模仿梅石碑制作一块梅石双清碑，运来杭州立在梅石园里，乾隆还为此赋诗：

> 昔年德寿石，名曰青莲朵。
> 梅枯石北来，惟余碑尚妥。
> 德寿岂复存？久矣毁兵火。
> 不禁兴废感，碑亦漫漶颇。
> 因之为抚迹，驿致江之左。
> 新碑临旧碑，那见梅石我？
> 重摹置石侧，为结无缘果。

梅花碑

清咸丰十年（1860），圆明园被英法联军焚毁，青莲朵石湮没在残垣断壁中。1927年，北洋政府建中央公园（今北京中山公园），把散落在圆明园废墟中的青莲朵石移到中央公园西门外，并把梅石碑放置在刚建成的燕京大学（今北京大学）未名湖畔。2013年，青莲朵石移到新建成的中国园林博物馆保存，历经几百年的岁月侵蚀，奇石上的御笔字迹仍清晰可见。

1985年，杭州市政府在佑圣观路重修梅石园，面积虽不大，仍有小桥流水、亭台回廊，环境幽静，闹市中有这样一方市民休憩之地，十分难得。园内新立一块石碑，碑上的芙蓉石图按照蓝瑛所作芙蓉石的拓片仿制而成，苔梅图由画家重新绘制，碑的背面记述了《梅石双清图》的典故和重立新碑的情况，亭柱上写有一副对联："问帝宫何处；看梅石此间。"

如今的梅石园，奇石已不存，新梅照旧开，人们漫步回廊，闲坐亭内，可以从暗香浮动的石碑上，慢慢品味这个散发着花香诗韵的地方掌故。

清河坊里寻太平——太平巷

东、中、西三太平巷：南出河坊街，三巷相通。东巷西通上后市街，北为十三湾巷。南宋时张俊之故宅清河王府在此。张贪得无餍，在王府设酒肆，名太平楼，巷因此得名。

——钟毓龙《说杭州》

也有一个历史人物和这条街有关，他早已化为尘土，后人可以在西子湖畔的岳庙里看到跪在岳飞墓前的四个铁铸人像，其中一个就是此人。

南宋时，偏安杭州的宋高宗赵构有一次大宴群臣，席间让几个说唱杂耍艺人表演节目以助酒兴。这时，有臣子向皇上推荐一个会星象术的艺人，说他有看出每个人是天上什么星宿下凡人间的本事，赵构便要这个艺人当场表演。艺人说要通过玉衡才能看到各位大人对应的星象，可是身边没带玉衡，只能用铜钱代替。只见他来到赵构面前，拿出一枚铜钱，从铜钱的方孔里端详片刻，说道："我看到的是帝星高照。"文武百官听了齐声高呼："皇上万岁万万岁！"赵构频频点头，非常开心。

宰相秦桧见此情景，急不可耐地对艺人说："你快给我看看，我是什么星宿下凡的？"艺人拿着铜钱细看了一会儿，说道："我看到的是相星辉煌。"秦桧听了十分得意。

魁伟勇猛的将军韩世忠也想讨个吉利，要艺人看看自己是什么星宿下凡。艺人把铜钱对准他，说道："我看到的是将星闪耀。"韩世忠听了开怀大笑。

这时，站在旁边的一个大臣也想试试。艺人把铜钱对准他用左眼看了一会儿，又用右眼看了一会儿，然后放下铜钱，想说又不敢说的样子。那个大臣叫他尽管说，艺人这才开口："我没有看到星宿，只看到一个人坐在钱眼里。"引得众人大笑，大臣满脸尴尬，悻悻地退回去了。

这个"坐在钱眼里"的大臣名叫张俊。

张俊（1086—1154），甘肃天水人，他生逢乱世，年轻时从军，初为弓箭手，作战勇敢，宋徽宗时升为武德郎。后领兵跟随康王赵构，屡建战功。赵构当上南宋皇帝后，他担任御营司前军统制，抗金平叛，深得赵构宠幸。金兵攻破扬州、镇江后，张俊随赵构退至杭州，继续抗击南侵金兵，收复宿州、亳州，名声大振，与岳飞、韩世忠和刘光世并称"中兴四将"。

张俊功成名就后，迎合朝廷与金议和的主张，自请解除兵权，担任枢密使。后来追随宰相秦桧，诬陷岳飞犯谋反罪，致使岳飞父子被害，一代名将成为千古罪人，他被后人铸成铁像，长跪于岳飞墓前遭万民唾骂。

张俊是否真的参与对岳飞的陷害，历史上存有争议，不过，这个大将军因敛财聚富而出名，则是不争的事实。他除了享有丰厚俸禄外，还拥有一万亩田地，每年光收田租就有六十万石，相当于南宋最富裕的绍兴府两年的税收，号称"占田遍天下，而家积巨万"。传说他怕家财被盗，把成堆的银子做成一个个重达一千两的大银球，取名"没奈何"，意思是盗贼眼见千两银子也无力搬动，只能徒叹无奈。

赵构因张俊尽忠效力，封他为清河郡王，并在河坊街赐地给他建造清河郡王府。河坊街在北宋时已成热闹街市，南宋把杭州定为临安府后，将府治设在街的西段，在街的中段设御史台、秘书省等中央官署，在街的东段建御园豪宅德寿宫，御街（今中山路）与之相交，故河坊街旧时属"皇城根儿"。能在这一方宝地置地建宅，可见张俊确为朝廷宠臣。

南宋绍兴十二年（1142）六月六日，郡王府建成，层楼叠榭，华丽无比，赵构亲临府邸书写匾额"德勋"。南宋绍兴二十一年（1151）十月，赵构驾临郡王府（赵构在位时只到过两个臣子的府邸，还有一个是宰相秦桧的府邸），张俊大摆筵席，宴请皇上和随从官员，天上飞的有鸳鸯，地上爬的有熊掌，山里长的有珍果，水中游的有蟹鳖，山珍海味齐全，堪比满汉全席，同时进奉皇上及高官无数金器珠宝和书画丝帛。对此，宋代文人周密在《武林旧事》一书中记录了这场豪宴的详尽清单，读后令人眼花缭乱，叹为观止。

张俊身居高位，不是居安思危，而是耽于享乐，挥霍无度。他还在张家军里挑选"花腿"士兵（士兵身体健壮，手足刺有花纹，故得名），在郡王府修建豪华酒肆，取名太平楼。张俊的骄奢生活引起民众不满，一时怨声载道，民间流传一首歌谣：

张家寨里没来由，使他花腿抬石头。
二圣犹自救不得，行在盖起太平楼。

20 世纪 90 年代的东太平巷

　　歌谣中的"二圣"指的就是当时被金兵囚于北方的宋徽宗赵佶和宋钦宗赵桓两位皇帝,"行在"意为南宋皇帝出行所在的地方,指杭州。

　　清河郡王府所在坊巷从此叫作太平巷,它位于河坊街中段北侧,是三条并列的小巷,分别称为东太平巷、中太平巷和西太平巷,这一带统称清河坊,原先的马路由此得名河坊街。

　　谁料时运有变,富贵难保太平。南宋嘉泰二年(1202)六月六日,清河郡王府连同太平楼突发大火,毁之殆尽,这时距离这座豪宅建成刚好六十年。建成和焚毁都在六月六日,如此巧合,不知是否应了天意?

　　郡王府遭焚后,张俊的后人请求朝廷重建,获准后由张俊的曾孙张镃自筹资金建成家庙,取名"德勋庙"。张镃还请自己的老师陆游撰写庙记,陆游知人论世,对张俊的抗金之功仍给予很高评价,称其为"社稷臣"。

张宅一直由张俊的后人居住，直到元代初年，被征为江浙行省官署，这座历经一百多年沧桑岁月的宅邸就这样消隐在历史的尘埃中。

如今，太平巷已不复存在，只在老杭州的地图上留下一个地名。历史人物的复杂性同样在张俊身上显现无遗，一代名将，功过自有后人评说。

延伸足迹：河坊街

清河坊：为南北大街。清时南有抚署，西有藩署（即布政使署，布政使掌全省民财两政）。按清河为张姓郡名，南宋时谋害岳飞之张俊，封清河郡王，其宅在清河坊西之太平巷。自宋以来，其地即称清河坊。

——钟毓龙《说杭州》

河坊街（即清河坊街）是杭州历史最悠久的街路之一，它的东端始于建国南路，经吴山广场，西端连接南山路，正对"西湖十景"之一的柳浪闻莺公园。这条古老的道路如同一条历史长河，历经千年岁月，源远流长，成为杭城味道最浓、人气最旺的老街。

早在唐代，杭州刺史李泌就在河坊街西段开凿阴窦（即暗渠），与涌金门和清波门的西湖水闸连接，引湖水入城，以解决民生问题。南宋定都杭州后，称这里为清河坊，设御史台、秘书省等中央官署，并在其东面建德寿宫等皇亲国戚的御园豪宅，"御街"（即中山路）与之相交，故河坊街旧时属"皇城根儿"，十分热闹。

清代时，河坊街得到拓建，自东向西分别叫宗阳宫街、塌牌楼、司前街、外龙舌嘴、流福沟、荷花池头。1925年，

河坊街夜景

孙传芳军队进入杭城，想要搜掠居民，侵扰百姓，时任商会会长的王竹斋出面交涉得以幸免，市民便将河坊街西段称作竹斋街以示纪念。1953年，东西各段统称河坊街。

　　河坊街与中山中路相交地段，老杭州人把它叫作"清河坊四拐角"。这里历来是繁华之地，酒肆商铺林立，百年老店相连，有胡庆余堂、种德堂、回春堂、万隆火腿庄、张允升帽庄、边福茂鞋庄、万源绸庄、羊汤饭店、状元面馆等，杭城著名的张小泉剪刀、王星记扇子、孔

清河坊里寻太平——太平巷

凤春香粉、都锦生锦织、宓大昌旱烟,即"五杭"特产(杭剪、杭扇、杭粉、杭线、杭烟)也出于此。

2002年,杭州市政府将河坊街改建为商业旅游步行街,再现吴越、南宋市井风情。这条千年老街现已成为旅游景地,人们在这条历史长廊里漫步,浏览各地特产,品尝风味小吃,观赏民俗表演,领略"清和""太平"的古都风情。

怜忠祠里留清白——祠堂巷

祠堂巷：北通太平坊巷，南出河坊巷，东由高银巷出太平坊。宋时名南新街，明于忠肃公谦之宅在此。后其宅改为怜忠祠，故有此巷名。

——钟毓龙《说杭州》

　　杭州的老街巷如同一本厚重的史书，如果把一年当作一页的话，那么从 2020 年开始往前翻 622 页，就是 1398 年，这一年，有一个男孩诞生在杭州的一条小巷里。这条小巷叫太平里，而这个男孩在并不太平的年代里，成了一个名垂青史的人。

　　男孩长相机灵，周围的人们都说他以后会出人头地。一个叫兰古春的和尚想知道是否真的如此，见到男孩头上扎着两个小髻，戏弄道："牛头且喜生龙角。"男孩听了，同样嘲讽道："狗嘴何曾吐象牙。"和尚一时无语，只得尴尬地走开了。

　　过了几日，两人又碰到了，和尚看到男孩头发束成三个小髻，不甘心上次受的嘲弄，满脸不屑地说道："三角如鼓架。"没想到男孩马上回应道："一秃似擂槌。"和尚自讨没趣，再也不敢戏弄这个男孩了。

　　这个男孩果然聪慧过人，6 岁在私塾读书，就在同伴中出类拔萃。一天，教书的先生外出回来，看到一群学生没在念书，正绕着房柱子捉迷藏，非常生气，便要责罚他们。男孩申辩道："我们是做完功课才玩的。"先生哪肯罢休，男孩说："那就请先生考考我们吧，如果我们答不上来，怎么处罚都可以。"先生看男孩口气这么大，就想难难他，说道："一言为定。我出上句'手攀屋柱团团转'，你给我对出下句来。"男孩脱口而出："脚踏楼梯步步高。"先生又出一句要他对："三跳跳落地。"男孩马上答道："一飞飞上天。"

先生暗暗称赞，嘴里却不肯退让："你可以免去处罚，其他人仍要罚。"男孩说道："我们是在一起玩的，应该一视同仁，要不罚都不罚，这样才公平。"先生无言以对，心想，这个男孩长大后，一定是个不同凡响的人物。

这个男孩就是后来成为民族英雄的于谦。

于谦（1398—1457），钱塘人，出生于一个世代为官的家庭，祖辈都崇仰民族英雄，把文天祥的画像供在家里。受这样的家庭影响，少年时代的于谦就以文天祥为做人楷模，在文天祥的画像旁边题写赞词："殉国忘身，舍生取义；气吞寰宇，诚感天地。"以此励志，并写下流传千古的《石灰吟》：

> 千锤万凿出深山，烈火焚烧若等闲。
> 粉骨碎身浑不怕，要留清白在人间。

于谦心目中的文天祥就是不怕粉骨碎身、留下清白的人。南宋末年，元军直逼南宋都城临安，在江西赣州做官的文天祥忧心如焚，卖掉家产，召集两万人马赶到临安保卫京城。此时元军三面合围，兵临城下，朝廷百官或主张求和，或四散逃命。文天祥担任右丞相兼枢密使，奉朝廷之命，到城外的皋亭山与元军主帅伯颜谈判，他义正辞严，面斥伯颜，后被拘留，又逃归。后来坚持抗元，被俘后宁死不降，最终被元军杀害。文天祥的铮铮铁骨、浩然正气，激励着于谦决心像先贤那样，"人生自古谁无死，留取丹心照汗青"。

于谦天资聪颖，人称"天童"，其实他的聪颖来自勤奋学习。他15岁通过院试录取为钱塘儒学生员（即秀才），就读于杭州吴山（即城隍山）三茅观。每天天不亮，他就从山脚下的祠堂巷出发，翻过城隍山去三茅观读书。有一次下大雪，山路湿滑，他照旧天不亮就出门，经过山上的城隍庙前，庙里的神像看到这个少年背着书箧在雪地里蹒跚前行，为之感动，居然眨了一下眼睛。这当然只是民间传说，但于谦读书之刻苦，则是人们眼见为实的。

正是依靠这样的勤奋精神，于谦24岁考中进士，29岁担任江西巡按，33岁升为兵部右侍郎。他恪尽职守，奔走各地考察民情，兴修水利，赈灾济民，严惩贪官，平反冤案，百姓称他是"于青天"。

当时，宦官王振专权，结党营私，官员想进见王振，必须奉送一百两银子，如能奉送一千两银子，便可享有豪宴款待，酒足饭饱而归，官员们争相贿赂。而身居高位的于谦时时以"名节重泰山，利欲轻鸿毛"警示自己，为官清廉，不媚权贵，每次进京朝会，除了带简单行装，都是两手空空。别人问他为何不带进贡礼物，他的回答掷地有声："吾唯有清风而已。"他还写了一首题为《入京》的诗用以明志："手帕蘑菇与线香，本资民用反为殃。清风两袖朝天去，免得闾阎（闾阎指市井里巷）话短长。"一代贤臣的傲骨清风跃然纸上，令人感佩。

明正统十四年（1449），蒙古瓦剌大军包围京师，明朝危在旦夕，于谦临危受命，担任兵部尚书，坚决抗战，反对南逃。他披甲上阵，屹立于德胜城门，对官兵慷慨陈词："国土沦丧，京城被围，我们只有以身报国，方能洗刷耻辱！"他严令部下："临阵将不顾军先退者，斩其将；军不顾将先退者，后队斩前队！"面对数倍于己的瓦剌军队，他身先士卒，带领官兵誓死守城，苦战五天五夜，终于击退瓦剌军，瓦剌军最后只得与明朝议和，从而保住了社稷江山。

于谦卫国有功，升职为少保，官至从一品，统管全国军务。后人曾这样赞道：

銮舆北幸国无人，保障须凭柱石臣。
不是于公决大议，中原回首尽胡尘。

20世纪90年代的祠堂巷

明景泰八年（1457），皇室发生争夺皇位的"夺门之变"，于谦被人捏造罪名诬陷，于同年正月二十二惨遭杀害，卫国有功之臣没有死在敌手，竟死在他拼命守护的城门之下！行刑之日，围观的百姓无不为他鸣冤叫屈，可谓"行路嗟叹，天下冤之"。于谦死后，家产被抄没，"食无兼味，衣无累帛"的他没有财物积存，唯有清白留在人间。

明成化二年（1466），明宪宗为于谦平冤昭雪，称于谦为权奸之所害，"朕心实怜其忠"，朝廷追谥他为"忠肃"，并将他在北京的住宅改建为节忠祠。于谦的遗骨后来由其女婿朱骥运回故乡杭州，葬于西子湖畔的三台山，精忠报国的岳飞也埋葬在这里。后人在墓旁修建旌功祠，现在改建为于公祠，是全国重点文物保护单位。祠内有一副楹联，说的是春秋的伍子胥、南宋的岳飞和明朝的于谦，同遭诬陷而屈死，三代忠臣，一样命运：

　　千古痛钱塘，并楚国孤臣，白马江边，怒卷千堆雪浪；
　　两朝冤少保，同岳家父子，夕阳亭里，心伤两地风波。

青山有幸埋忠骨，秀丽的西湖因为有这样的英魂相伴而更显分量。对此，同为杭州人的清代诗人袁枚写下这样的诗句：

　　江山也要伟人扶，神化丹青即画图。
　　赖有岳于双少保，人间始觉重西湖。

是非曲直，自在人心。于谦冤案得到昭雪，杭城百姓奔走相告，官府顺应民意，将于谦在太平里的故居（今祠堂巷42号，于谦在这里住到24岁）改建为祠堂，定

祠堂巷于谦故居

名"怜忠祠"。于谦的儿子于冕受父老乡亲之托，满怀激情地叙写先父的一生事迹，并请大理寺卿夏时正撰写《怜忠祠记》，镌刻于石碑，太平里由此改叫祠堂巷。祠堂巷的南端连接河坊街，北端通往太平坊巷。

除了祠堂巷的于谦故居和三台山的于公祠，于谦家乡的人民还用不同方式表达对他的敬仰之情。例如，杭州城西有一座石桥，原先取名"日晖桥"，在杭州方言里，日晖和石灰发音相近，当地百姓都叫它石灰桥。曾有官员觉得叫石灰桥太土气，想不让人们这样叫，百姓却不买账，说于谦写《石灰吟》咏赞石灰的品格，叫石灰桥，可以提醒大家像于谦那样刚正不阿，清白做人。于是，石灰桥就这样被叫到了现在。

1992年，于谦故居被列为杭州市重点文物保护单位。重修的故居保留了江南庭院式民居风格，内有三个院落，面对大门的院墙上刻着书法家沙孟海手书的《石灰吟》诗句，忠肃堂内正中墙上挂着于谦画像，画像两边有一副对联:"公论久而后定;何处更得此人。"陈设简陋的书房里展示的是少年于谦勤奋读书、立志报国的情景。院落墙边静卧着一口"于氏古井",一汪"忠泉"映照出故居主人的一生清白。真可谓——老宅有幸今犹在,祠堂留名怜忠魂。

走出祠堂巷口,便是游客熙攘、人声喧闹的河坊街。漫步这条历史长廊,可以游览祠堂巷的怜忠祠,寻访大井巷的胡庆余堂。一座祠堂,一家药店,是最好的反腐课堂和诚信教材,它们就像悬挂于千年古城的两座铜钟,长鸣不止,警世有声。

延伸足迹:高银巷

> 高银巷:东出太平坊大街,西通祠堂巷。宋时名肉市巷,亦称灌肺巷,以卖灌肺出名。……宋时有珠子市场在此,买卖以万计,故有高银巷之名。
> ——钟毓龙《说杭州》

祠堂巷的中段有一条小巷与之相交,叫高银巷,它的东端连接中山中路,西端与后市街相通。南宋时,这里以出售糯米灌猪肺出名,所以原先叫灌肺岭巷、灌肺新街。

相传很久以前,有一个姓高的青年在这里开了一家卖糯米灌猪肺的店铺,小本经营,勉强度日。有一天,青年出门买糯米,忽然看到地上有一只小布袋,打开一看,竟是满满一袋银子,他又惊又喜,心想用这笔钱做大买卖,就可以过上好日子了。但是,他觉得这样做太缺德,丢钱的人一定焦急万分。于是,青年不为所动,忍着饥饿在路边等待失主。

高银街的旧貌新颜（上：20世纪末　下：21世纪初）

　　过了一会儿，失主果然来了，原来是一位做珠宝生意的富商，骑马经过灌肺岭巷时，放在马背上的一袋银子掉落地下。青年一文不少地交还失主，富商拿出银子作为酬谢，青年说这是做人的本分，婉言谢绝。

　　富商看到这个年轻人诚实厚道，不贪钱财，很是赞赏，就收他为徒，帮自己做珠宝生意。青年勤恳耐劳，诚信待客，深得富商信赖，富商付给他优厚的报酬。过了几年，这个姓高的青年也发了财，在灌肺岭巷开了家珠宝店，一如既往地诚信经商，信誉很好，人们就把小巷叫作高银巷了。南宋时，这里开有多家珠宝店，进出银两多达万贯，是杭城著名的珠宝交易市场。

巷内有一所高银巷小学，该校建于1917年，已有100多年历史，在杭州城里曾经蛮有名气。有两个在这所小学里读过书的男孩，后来在改革大潮中激流勇进，奋力拼搏，成为著名的民营企业家，他们就是青春宝集团有限公司前董事长冯根生和娃哈哈集团有限公司董事长宗庆后，两人与姓高的青年虽处不同时代，但诚信经商是创业致富的不变真经。

高银巷现已拓建成高银街，西端连接劳动路，酒楼饭店林立，以经营传统杭帮菜和新派杭州菜为主，成为吸引四方游客的美食街。

水墨雅扇化纠纷——扇子巷

扇子巷：北出荐桥街而对盔头巷，南达布市巷，以柴垛桥而分为上下扇子巷。古名集庆巷。因昔时巷多扇店，故名。

——钟毓龙《说杭州》

　　小小扇子可以生风送爽，这是众人皆知的，但人们未必知道，有人还能借扇行善，这个人就是当过杭州父母官的苏东坡。

　　北宋熙宁四年（1071），苏东坡受朝廷委派到杭州担任通判，负责监察工作。有一阵子连日阴雨，某天，苏东坡待在官府里觉得气闷，便出去散步，走到丰乐桥边，突然有一个人向他递上一份状纸。苏东坡展开细看，上面写的是："小民李小乙，小本经营丝绸店，邻居洪阿毛向本店赊账买去十两银子的白绢，说好两个月还钱，大半年已过，分文未付，分明是想赖账，请通判大人明断。"苏东坡当即让衙役传讯二人到州署衙门听候审理。

　　被告洪阿毛到堂后，承认李小乙所言属实。苏东坡问道："你为何要赖账啊？"洪阿毛连连诉苦："大人，小民哪敢赖账不还啊！我本想买白绢做团扇赚钱养家，扇子做好后，不料一直下雨，天气凉快，一把扇子都没卖掉，哪里有钱还他呀？"说完连连磕头，恳求宽恕。

苏东坡又问李小乙和其他证人，他们都说是这么回事。苏东坡沉思片刻，目光停留在桌案的笔墨上，然后对洪阿毛说道："你回家拿二十把扇子过来，本官自有办法帮你卖掉。"众人都疑惑不解，通判大人怎么也会卖扇子呢？

洪阿毛听了自然高兴，赶紧回家取了一捆白绢做的团扇，放到衙门大堂里。只见苏东坡拿了一把团扇放在桌案上，展开扇面，手握毛笔，时而浓墨重泼，时而淡墨轻点，落笔之处，楷书劲健，草书狂放，花鸟生动，兰竹清幽。不到半个时辰，二十把扇子就画完了，每一幅都堪称书画佳作。苏东坡让洪阿毛把这些扇子拿去卖掉，嘱咐他每把扇子卖一两银子，就能还清债务了。

洪阿毛将信将疑地把团扇拿回店铺，心想一把扇子要一两银子，谁会来买啊？不料，人们看到扇面上是苏东坡的亲笔书画，争相购买，二十把团扇很快就卖完了，洪阿毛不仅还清了欠款，还有盈余继续做生意。

苏东坡公正办案、两全其美的故事就这样在坊间流传开来，他体恤民情、借扇行善的作为，更赢得了百姓的口碑。于是，在天下名寺灵隐寺的大雄宝殿里，便有了这样一副对联：

　　古迹重湖山，历数名贤，最难忘白傅留诗、苏公判牍；
　　胜缘结香火，来游初地，莫虚负荷花十里、桂子三秋。

对联中的"白傅"是指曾任太子少傅的白居易，"苏公"就是苏东坡。两人都在杭州当过父母官，各有作为，同留美名。

20世纪90年代的扇子巷

　　故事里的李小乙就住在扇子巷，小巷的南端与河坊街连接，北端和清泰街相通，住在巷子里的人家开了很多制售扇子的店铺作坊，这里就叫扇子巷了。

　　说到团扇，它和折扇一样都是我国传统手工艺品。团扇源于唐代，大多用丝绢制作，圆形扇面，配以短柄，扇面绘有花鸟或仕女图案，故有"雅扇"之美称，古代女性喜欢随身佩带，北宋时期尤为盛行。南宋时，许多制扇工匠从北方来到杭州，南北制扇工艺得到交流发展，精美雅致的细画绢扇、细色纸扇、影花扇、藏香扇、漏尘扇等品种繁多，争奇斗艳。

　　明清时期，杭州的制扇业更是兴盛，共有50多家作坊，分布在杭州城南的扇子巷、太平坊、保佑坊、三元坊、官巷口、羊市街一带，多为前店后厂的生产经营方式。著名的舒莲记扇庄就在扇子巷里，它和张子元扇庄、王星记扇庄并称杭州扇业的三大名庄，制作的扇子与丝绸、龙井茶被称为"杭州三绝"，清代时还成为进奉朝廷的贡品。

扇子巷现已成为中河路的一部分，小巷虽无处可寻，但杭州的制扇工艺仍得到传承发展，品种更加丰富多彩，有竹编扇、芭蕉扇、绢扇、羽扇、葵扇、纸折扇、檀香扇、麦草扇等，或简朴轻便，或典雅华贵，琳琅满目，享誉天下。在拱宸桥畔的中国扇博物馆里，人们可以漫游五彩缤纷的扇子世界，尽兴观赏这一精美的传统工艺。

延伸足迹：柳翠井巷

> 柳翠井：在城内柳翠井巷。宋为抱剑营地，井为南宋营妓柳翠所凿。今井不知所在，而巷犹以其井名。
> ——钟毓龙《说杭州》

扇子巷的西侧有一条与之平行的小巷，叫柳翠井巷，南端通往河坊街，北端连接元福巷，与之相交的一条弄堂叫柳翠桥弄。两条巷弄毗邻中河，都取同名，是因为它们和一个人有关。

南宋绍兴年间，山东人柳宣教在杭州担任府尹。金兵侵扰山东，他的妻子沈氏为躲避战乱，带着幼女柳翠，辗转颠簸来到杭州寻找丈夫，一家人终于团圆。可惜好景不长，柳宣教身患重病，不久就去世了，他为官清廉，没有给家人留下资产，母女二人节衣缩食，相依为命。谁料祸不单行，沈氏也一病不起，客死杭州，只剩柳翠一人住在这条小巷里。

柳翠才貌俱佳，擅长音乐，她在异乡举目无亲，孤苦伶仃，迫于生计当了艺妓。沦落风尘的柳翠信奉佛教，乐善好施，用自己的积蓄救济穷人。为帮助百姓解决饮水和行路之难，她出资在巷内开凿水井，在河上建造石桥，人们称赞这位孤女的善举，把水井和石桥叫作柳翠井和柳翠桥，所在的巷弄也由此得名。

柳翠井巷的旧貌新颜（左：20 世纪 90 年代　右：2020 年）

　　柳翠后来出家为尼，死后葬于城北皋亭山，山下建有柳翠修道归真塔。柳翠井和柳翠桥在旧城改造中均已不存，唯有地名保留下来，成为一位女子行善作为的印记。

打铜巷

　　打铜巷：南对鼓楼，北抵清冷桥。宋时名沙皮巷。清代以来，巷中多响器店，遂名打铜。

——钟毓龙《说杭州》

　　柳翠井巷的南端隔着河坊街，对面有一条小巷叫打铜巷，这条小巷的北端连接河坊街，南端通到鼓楼，清代时，巷内有很多制作铜器的店铺，所以叫打铜巷。老底子杭州市民的生活用具，从锅子、煤炉、火钳、吊桶，到脸盆、暖手炉（烧木炭的俗称铜火熜，灌热水的俗称汤婆子），大多用铜铁材料制成，所以这条小巷是最"接地气"的地方，穿行其中，铜铁器具琳琅满目，叮当之声不绝于耳。

打铜巷的旧貌新颜（左：20世纪90年代　右：2020年）

　　打铜巷33号是一幢青砖墙、石库门的二层房屋，由浙江兰溪药商诸葛氏建于1930年。诸葛氏世代践行"不为良相，便为良医"的祖训，自明清以来，在各地开设药行，行医治病，名闻四方，乾隆皇帝还为其题写"文成药行"。诸葛家族常住上海，一个名叫胡钟英的妇产科医生租下打铜巷33号房屋，开设"钟德产科诊所"。

　　胡钟英为什么给诊所取名"钟德"呢？这大概和一家挨得很近的药堂有关。

　　清嘉庆十三年（1808），精通医术的慈溪人叶谱山在靠近打铜巷的清河坊购地建房，创建种德堂，店名取自苏东坡《种德亭》中的诗句"名随市人隐，德与佳木长"，意思是行医治病只为积德扬善。种德堂是杭州开设最早、规模最大的一家药行，经营道地药材，精制丸散膏丹，疗效好、价格低，享誉四方，清朝光绪年间，与胡庆余堂、万承志堂、张同泰、泰山堂、方回春堂并称"杭城国药号六大家"。

　　胡钟英也许正是受种德堂行医之道的影响，取自己名字中的一个字，给诊所取名"钟德"。这个隐落在小巷深处的诊所，没有气派门面，只有几张病床，却给多少妇女带来福音，为多少家庭带来安康。

如今，打铜巷西侧中山中路上的种德堂经过整修，门楼气派，厅廊精致，继续传承着华夏中药文化。打铜巷作为清河坊历史街区的组成部分得以保留，33号列入历史建筑保护名单，也已修复一新。在小巷里穿行，再也听不到昔日敲铜打铁的叮当之声，33号石库门上的"钟德产科诊所"字迹仍然依稀可辨，仿佛在昭示世人，无论古今，治病救人，行善积德，理应一脉相承。

冷面寒铁护城神——城隍牌楼巷

> 城隍牌楼：东出凤山门大街，西上城隍山，南出大马弄、丁衙巷，东北接十五奎巷。宋代称保民坊。……附近有祇园寺，因此亦称庙巷。……因从其处可直上城隍庙，因名城隍牌楼。
>
> ——钟毓龙《说杭州》

中山南路有一条城隍牌楼巷，东端始于中山南路，西端连接十五奎巷，它正对吴山上的城隍庙（今城隍阁）。清康熙三十八年（1699），在巷口建门楼牌坊（即山门）和直达城隍庙的甬道，所以叫城隍牌楼巷。

全国各地有很多城隍庙，供奉的都是护城之神，而吴山城隍庙里的这座神像，却是一个破案高手的化身。

很多年以前，有一天，一位司法官员骑马出行，在一个地方下马歇息，只见成群的苍蝇在马脚边飞来飞去，仔细一看，地面干净，马蹄也没有沾上污物，他挥手驱赶，苍蝇刚飞走又嗡嗡叫着飞回来，落在马蹄踩着的地面不肯离去。官员觉得蹊跷，就叫随从找来锄头铁铲，挖开爬满苍蝇的泥地，露出一具尸体，经过勘查，发现尸体上有一块小布片，上面盖着布匹商标的印章。官员派人拿着商标四处询问，在一家布店里查明买过这种布匹的人，经过寻踪侦查，很快确定尸源，将抢劫布匹的杀人

城隍庙

犯捉拿归案。

这位根据"蛛丝马迹"破案的官员，名叫周新。

周新（？—1413），广东人，明永乐元年（1403）担任监察御史，刚正不阿，秉公办事，深得明成祖朱棣的信任。永乐三年（1405），他调任浙江按察使，主管浙江司法刑狱，恪尽职守，办案公正。传说他赴浙江担任按察使时，穿着平民服装在市井坊间巡察，地方上的县令听说按察使将要到任，担心自己贪污受贿的罪行败露，就把他关进牢房。周新在狱中向囚犯了解情况，掌握了县令的犯罪证据后，告知县令自己就是朝廷派来的按察使，然后依法严惩了县令。

周新每遇疑案，常能明察秋毫，"片言剖决"。有一次，两个人同时来官府告状，说对方抢走自己的雨伞，又都拿不出证据证明是自己的伞。周新对他们说道："既然如此，那就将伞各分一半，这是最公平的。"说完，叫衙役将伞从中间剪开，让两人各取一半回家，并让衙役悄悄跟随其后。

两人走出衙门，一路仍在争执不休，一个说："我早就说把伞给我，我给你一半钱，现在你连一半钱也拿不到，真是活该！"另一个说："这伞原本就是我的，你凭什么拿走却只给我一半钱？"衙役回来把听到的话告诉周新，周新心里已经有数，让人核查属实后，把说"活该"的那人拘押治罪。

还有一次，官府抓到一个犯盗窃罪的嫌犯，嫌犯交代是一个叫范典的人指使自己作案。审理此案的周新命衙役把嫌犯另屋关押，再传讯范典到堂，范典跪地连叫冤枉："我根本不认识那个人，怎会指使他偷东西呀！"因缺人证物证，一时难辨真假。

周新心生一计，叫衙役脱下衣服，让范典穿上后站在自己身边，又让衙役穿上范典的衣服跪在大堂里，嘱咐两人不得说话，然后传唤嫌犯到堂，要他当场对质。嫌犯指着跪在地上的人说："他就是范典，是指使我偷盗财物的人。"周新喝令："你可认清楚了，如若有假，可是罪上加罪！"嫌犯仍然一口咬定："大人，我没认错，他就是范典，说偷来的财物可跟我一起分赃。"

"啪！"周新猛拍惊堂木，厉声质问嫌犯："此人是我的衙役，你竟敢胡言乱语，陷害无辜，还不从实招来！"

嫌犯见谎言戳穿，只得如实招供。原来有个人与范典积下仇怨，要嫌犯诬陷范典，事成给他酬金。案情明了，嫌犯和那人都被绳之以法。

周新对贪赃枉法、巧取豪夺的行为，一向铁面无私、严格执法。例如一些权贵侵占西湖地块，影响蓄水抗旱，周新将其侵占之地全部抄没，还地于民。所以，百姓称他是"冷面寒铁周廉使"，而那些贪赃枉法的权贵则对他恨之入骨。

有一次，锦衣卫指挥使纪纲的一个下属到浙江办事，仗势欺人，为非作歹，周新将其捉拿问罪，因此得罪纪纲，纪纲向明成祖朱棣诬告周新，说他狂妄自大，目无皇上。朱棣命人将周新押回京城问罪，周新面对皇上，不卑不亢地说道："我身为朝廷命官，理当恪尽职守，公正执法，何罪之有？"由此触犯龙颜，朱棣下令处死周新。周新面对屠刀，慨然说道："生为直臣，死当作直鬼！"

公道自在人心，直臣永世敬仰，百姓在各地建祠立碑纪念周新。后来，朱棣后悔错杀良臣，追封周新为浙江城隍神，并在杭州吴山建城隍庙供奉之。每年农历五月十七日周新诞辰日，官府民间都要举行祭祀活动，吴

吴山城隍阁

山因此也叫城隍山。

城隍庙历经沧桑，几度焚毁，多次重建。20世纪90年代，杭州市政府在原址建造城隍阁和周新祠，为吴山和西湖增添新的景观。楼前祠边，几株百年古樟依旧郁郁葱葱，擎天而立，陪伴着这位冷面寒铁的周廉使，与他一起护佑着千年古都和杭城百姓。

延伸足迹：十五奎巷

十五奎巷：东北出鼓楼，西南至城隍牌楼。宋时名竹竿巷，属长庆坊。

——钟毓龙《说杭州》

沿着城隍牌楼巷往西走到巷口，就到了十五奎巷，这条小巷的南端与城隍牌楼巷相交，北端通往中山南路，与望仙桥对接。

南宋绍兴二十年（1150）正月的一天，宰相秦桧从望仙桥的府邸出门，乘坐轿子前往枢密院，一路鸣锣开道，前呼后拥。经过众安桥（民间也有说望仙桥）时，突然从桥下跑出一个人，手持利刀冲到轿前，挥刀向坐在轿内的秦桧砍去，轿夫们慌忙躲避，轿子摇摆晃动，那人一刀砍在轿杆上。"有刺客！"卫士们惊呼着一拥而上，将那人按倒在地。秦桧吓得面如土色，命令手下将刺客押到大理寺审问。

这个行刺秦桧的人叫施全，是殿司的一个小军官，对秦桧陷害忠良义愤填膺，决心为民除奸，替天行道。秦桧问他："大胆刺客，受谁人指使？"施全毫无惧色，义正辞严地答道："举天下皆欲杀虏人，汝独不肯，故我欲杀汝也！"秦桧恼羞成怒，以杀官谋逆罪将施全押

十五奎巷的旧貌新颜（左：20世纪90年代　右：2020年）

往众安桥，以磔刑（一种酷刑）处死。

众安桥，正是当年岳飞遇害的地方，施全慷慨赴死之时，是岳飞蒙难的第九年。

在百姓的心里，正义不灭，英雄永生。施全遭受磔刑时，据说受了72刀才死。岳飞平反昭雪后，杭州百姓在众安桥等处修建72座祠庙纪念施全，十五奎巷也有一座施公祠，祠堂匾额写的是"独伸正气"。后来还在巷里建忠节祠，纪念伍子胥、褚遂良、岳飞和于谦四位杭州先贤。

一条小巷，并立两座彰显大义大节的祠堂，足见居住在这里的百姓崇义尚武的风气之盛。

唐代开始实行武举考试制度，通过测试骑马射箭、负重摔跤选拔军事人才，考中的文举人称"文魁"，武举人称"武魁"，应试者众多。明朝嘉靖年间，这条小巷的居民尤其喜欢习武，其中有十个人骑射技艺特别高强，参加武举考试全部考中武魁，人称"十武魁"，他们住的这条小巷便叫十武魁巷，后来讹传为十五奎巷。小巷的东端还留有一口三眼水井，据说十位武魁当年饮用该井水考中状元，俗称"状元井"。

十五奎巷还有更为神奇的传说。

相传杭州城隍山上，十二个石头做的生肖动物旁边，原先还有一只很大的石头乌龟，受山神点化，千年的石龟成了精，常在夜深人静时爬下山，看到市井生活后想回归东海，苦于身体笨重，难以成行。

有一天，观世音菩萨从西天返回东海普陀，经过城隍山时，身子碰到山上的百年樟树，怀揣的宝瓶倾斜了一下，洒落几滴仙水落在乌龟背上，乌龟顿时就能快捷地爬行，它想下山后经过十五奎巷，再从望仙桥顺河道游到入海口。没想到，经过吴山的伍公庙时，笃笃的爬行声惊动庙里的潮神伍子胥，伍子胥岂肯放过它，就用铁链把它锁住，放在吴山脚下的十五奎巷，永世不得移动。从此，进出小巷的人便可看到一只大石龟趴在路边，于是给小巷取名石乌龟巷，后来觉得不好听，改叫十五奎巷。

这当然是虚幻的神话传说。不过，20世纪50年代修路时，人们在小巷的徽州会馆前的路面下，确实看到过一只体形硕大的石头乌龟。

如今，十五奎巷的施公祠和忠节祠均已不存。在岳飞的故乡河南汤阴县，早年修建的宋岳忠武王庙旁还留存宋义烈将军施全祠，祠前跪着五个铁铸人像，分别是陷害岳飞的秦桧夫妇、万俟卨、张俊和王俊，身后站立怒目圆睁、高擎利剑的施全铜像，两侧楹联写的是："蓬头垢面跪阶前，想想当年宰相；端冕垂旒临座上，看看今日将军。"这也是对在杭州舍生取义的施全的最好纪念。

2012年,为纪念义士先贤,杭州在十五奎巷和四牌楼相接处新建一座牌坊,上面刻写"民不能忘"四个大字以告知天下:千古英烈,铭记人心,君不见,牌坊有字,口碑为证。

白马渡河救康王——白马庙巷

> 白马庙巷：南起严官巷，北折东与中山南路相接……白马庙，宋建炎间建，以祀磁州崔府君者，传说泥马渡康王者是也。杭人不重崔而重白马，称白马庙，巷因此得名。
>
> ——杭州市地名委员会办公室编《杭州市地名志》

从城隍牌楼巷走出，沿着中山南路往南行不多远，会看到一条叫白马庙巷的小巷，它的东端始于中山南路，西端通往严官巷。南宋时，这里常有金车宝马出入，他们究竟为何而来？这就引出了八百年前的一个有趣故事。

北宋靖康元年（1126），金兵大举进兵，十万铁骑渡过黄河进犯中原，围攻北宋都城汴京（今河南开封）。被封为康王的赵构奉朝廷之命前往金国求和，途经磁州（今河北磁县）时，看到前面人声喧哗，一群人拦在路上不让通过，上前一看，原来是抗金名将宗泽带领官兵和百姓在这里等候，宗泽慷慨陈词，力劝赵构坚持抗敌，不要与金媾和。赵构也担心此行凶多吉少，弄不好被金军扣留，于是掉头折返，连夜渡过漳水，马不停蹄地向相州（今河南安阳）奔去。

不久，汴京落入金兵之手，赵构的父亲徽宗赵佶和哥哥钦宗赵桓也成为亡国之囚。赵构犹如惊弓之鸟，仓

白马庙巷的旧貌新颜（左：20 世纪 90 年代　右：2020 年）

皇出逃，途中遇到一条大河横在面前，周围没有一只船。金兵的追杀声越来越近，情势万分危急。就在这时，只见一匹白色骏马从河对岸游了过来，上岸后跑到赵构面前停下，随从急忙扶他上马，白马跃入河中向对岸游去。

　　白马驮着赵构上岸后，一路飞奔，在一座寺庙前停下。惊魂未定的赵构走进庙里，只见大殿正中有一座塑像，旁边立着一匹用泥巴做的白马。经打听，唐朝时有一个叫崔子玉的人在磁州任滏阳县令，勤政清廉，受民拥戴，死后当地百姓建了这座寺庙，把他塑成神像供奉，取名"崔府君庙"（旧时人们对神也称府君），常有人来烧香祈福。赵构望着崔府君和白马的塑像，心想莫非是先贤神佑，天助我也？

　　赵构在临安建都后，为报答白马的救命之恩，在太庙附近修建崔府君庙，供奉神像和白马，庙里香烟缭绕，烛火长明。赵构还让南宋画院的名家萧照、苏汉臣绘制精美壁画装饰庙宇，这在南宋都城临安四百多处庙观祠堂中仅有两处（另一处是西湖孤山四圣观）。这座庙在民间俗称白马庙，小巷也由此得名。

为了感念白马对先祖的恩泽，白马庙受到南宋历代皇帝临幸，每年六月初六崔府君诞辰日，皇帝都会带领百官到庙里奉祭礼拜。南宋淳熙十三年（1186），宋孝宗赵昚将白马庙改名显应观，封崔府君为真君，后来继位的宋理宗赵昀还亲书《洞古经》石刻陈放观中。

无论是皇帝为渲染"神助真命天子"的奇幻色彩，还是百姓想嘲讽帝王"泥菩萨过河"的尴尬窘境，多少年来，"泥马渡康王"一直是杭州说书先生爱说的段子，在市井坊间流传。时至今日，历代帝王早已成为史书中的人物，供奉着泥塑白马的寺庙更是不见踪迹，只有小巷还在，它就像一条历史文脉，把这座城市的过往与现在连在了一起。

延伸足迹：太庙巷

太庙巷：东通凤山门大街，西至紫阳山麓，西折北通大马弄。南宋时皇帝家庙在此，已有此名。

——钟毓龙《说杭州》

白马庙巷的北侧毗邻一条小巷，叫太庙巷，它的东端连接中山南路，西折北通往大马弄，因靠近太庙而得名。

古代帝王常在京城建造太庙，就是祭祀祖先的宗庙，民间也把它叫作皇帝的家庙。太庙里供奉历代皇帝的神主牌位，神位两边分列已故的文武功臣。

北宋的太庙建在汴京，金兵占领中原后，宋高宗赵构一路南逃，几经辗转，将太庙里的神主牌带到杭州。

南宋绍兴四年（1134），赵构在紫阳山东麓新建太庙，历时二十多年终于完工，共有七个正殿，分别供奉宋朝历代皇帝的神位。太庙后经多次修缮扩建，规模与凤凰山麓的南宋皇宫相差无几。每年大祭之日，皇帝带领文武百官到太庙举行隆重的祭祀典礼，新的皇帝登基继位也要来太庙朝拜，例如宋孝宗赵眘继承赵构的皇位时，也到太庙拜谒先祖。

太庙在元代被毁，其宏伟壮观的样子只能留在后人的想象中，直到700多年后才渐渐从历史的尘埃中显露一角。

1995年，太庙巷在旧城改造时拆除，建筑工地发掘出南宋太庙东围墙、东门址和大型建筑台基。现在，人们只能看到明清时期的太庙，这是我国经考古发掘的时代最早、保存最完好的太庙遗址，被评为当年中国十大考古新发现之一。

在延续150多年的南宋王朝中，先后有6个皇帝在杭州登基，却没有留下一座皇室建筑。因此，太庙遗址

南宋太庙遗址

的发现，对南宋都城考古研究具有重要意义。为了保护太庙遗址，杭州市政府撤销已规划的工程项目，对发掘的太庙遗址进行填埋式保护，并在遗址新建太庙广场，广场中央竖立一段按太庙遗址原样仿制的围墙，上面刻有南宋皇城图。

以太庙广场为中心的这一区域，共有严官巷、白马庙巷、高士坊巷、察院前巷、城隍牌楼巷、大马弄、太庙巷、十五奎巷、四牌楼和丁衙巷等二十三个坊巷，大多始于宋、明两代，房屋以清末民初建筑为主。2011年，政府启动"南宋御街·二十三坊"保护工程，经过综合整治，二十三坊成为传统民俗和现代业态集聚的历史街区。

小巷走出御医官——严官巷

严官巷：东起中山南路南段，西至紫阳山南麓……据传宋孝宗病痢，有严姓医生治愈之。因赐以金杵臼，并命为官。里人称之"金杵臼严防御家"，巷因此得名。

——杭州市地名委员会办公室编《杭州市地名志》

白马庙巷南侧紧挨着一条小巷，它的东端连接中山南路，西端通到紫阳山脚。宋高宗赵构坐稳皇位后，在城南的凤凰山大兴土木建造皇宫，关于南宋皇室的故事便在皇城根下的街巷里延展着，严官巷就是其中的一条小巷。

赵构像历代皇帝一样，很早就在考虑继位人选，无奈自己没有留下后代，最终选定宋太祖的七世孙赵昚为太子，悉心培植。赵构56岁时让出皇位当了太上皇，退居德寿宫颐养天年，赵昚于1163年改元，他就是宋孝宗。

南宋王朝偏安一隅，尽享杭城的美景美食，江南的湖蟹细嫩鲜美，更是人见人爱。这一年又到九月，秋风起，蟹儿黄，肥美的湖蟹是皇宫膳食中必有的美味佳肴，御厨给宋孝宗赵昚每天都奉上一盆肥硕的湖蟹，只只蟹肉厚实，蟹黄饱满。赵昚用醋姜蘸着食用，赞不绝口，常常一连吃好几只还不解馋，不料肠胃消化不良，腹泻不止，服用御医开的药都不见效。眼见赵昚一天天地身虚体弱，这可急坏了太上皇赵构，他派人四处寻访名医，并在坊间张贴告示，如能治愈宋孝宗的病，必有重赏，但是一直没有结果。

这天，赵构从住所德寿宫前往凤凰山的皇宫看望赵昚，经过紫阳山脚的一条小巷，看见一家挂着"严防御药店"招牌的小药铺，便让侍从进去询问，得知开店的是一个叫严防御的郎中，自称出身医药世家，专治肠胃疾患。赵构求医心切，急忙召他进宫。

严郎中来到赵昚床前，先把手脉再看舌苔，然后不紧不慢地说道："皇上是寒气淤积，得了冷痢，用新采藕节研末调以温酒服下，便可健脾消食止泻。"赵构听了将信将疑，让御医赶紧如法炮制。

赵昚服药后，果然没几天就康复如初。赵构大喜，赐封严郎中为朝廷医官，还赏给他一只金子做的杵臼，专供御医捣碾药材之用。于是，京城上下都知道有个

严官巷

"金杵臼严防御家"，医术高明，治好了皇上的病。严郎中当上御医后，仍常来往坊间，为平民治病，人们把他住的小巷叫作"严官儿巷"（杭州方言中很多词语带"儿"字）。

2005年，万松岭隧道建成，严官巷成为隧道的东接路段。岁月悠悠，一代帝王早就作古，那位凭着医术升官的严郎中的居所也无迹可寻，只留下这个故事仍在民间流传。

延伸足迹：高士坊巷

> 高士坊巷：东起中山南路南段，西达清平山东麓，北连严官巷，南接大马厂。……宋徐复隐居于此……沈文通守杭，榜曰高士坊，巷由此得名。
> ——杭州市地名委员会办公室编《杭州市地名志》

严官巷的中段与一条小巷相交，这就是高士坊巷，它的北端和白马庙巷、严官巷相接，南端通往凤山门。小巷毗邻六部桥，南宋时，这里是中央官署三省（中书省、门下省、尚书省）六部（吏部、户部、礼部、兵部、刑部、工部）所在地。在这条"官气"十足的小巷里，住过一个不求做官、淡泊功名的文人。

宋仁宗年间，福建有个叫徐复的书生进京参加科考，结果榜上无名，来到杭州在高士坊巷居住，闭门研修《易经》。他精通算卦之术，占卜知晓自己此生无俸禄之享，从此一心治学，不求仕途。宋朝皇帝大概是感其宁静处世、韬光养晦的为人，给他赐号"冲晦处士"。

徐复没有做过高官，却因才学和为人，深得杭州两位父母官的赞赏。

高士坊巷的旧貌新颜（左：20 世纪 90 年代　右：2020 年）

　　北宋皇祐元年（1049），范仲淹到杭州任知州，当时旱灾严重，庄稼歉收，粮商唯利是图，乘机抬高价格，每斗米卖到一百二十文钱，民不聊生。范仲淹心急如焚，拿出自己的薪俸救济灾民，并宣告把米价提高到每斗一百八十文铜钱，在钱塘江和运河沿岸张榜公示。各地粮商闻讯纷纷运米到杭州卖粮，杭城米市供应充足，粮价随行就市，自然回落，从而民生安定。

　　有人劝范仲淹乘当官时在西湖边建别墅，退位后可在此养老享福。范仲淹断然回绝："吾之所患在位高而艰退，不患退而无居也。"意思是我身居高位，担忧的是难以真正做到恪尽职守，不必担忧退职后身居何处。

　　古人说："同师为朋，同志为友。"范仲淹听闻徐复不求功名利禄的作为，视为同道之人，慕名登门拜访。徐复对为官一任、造福四方的范仲淹十分敬佩，以礼厚待，二人遂成挚友。

　　杭州人沈遘（字文通）凭借真才实学，在朝廷担任知制诰一职，专门为宋仁宗赵祯撰写诏令。北宋嘉祐七年（1062），沈遘出任杭州知州，同样是一位勤政爱民的父母官，他把官府宴请送礼的款项用于公益事业，资助无钱下葬的贫苦百姓和无钱出嫁的穷困孤女。他还像前任"市长"李泌和白居易一样，在城内开凿水井，解决市民饮水困难，百姓把这口水井叫作"沈公井"，可见其深得民心。沈遘和范仲淹一样，十分赞赏徐复的才华和为人，他在徐复的居所旁建一牌坊，题名"高士坊"，小巷也由此得名。

独中三元文毅公——三元坊巷

三元坊巷：以东出三元坊而得名。
三元坊：明代严州府淳安县人商辂，赴乡试、会试、廷试，连中三元，因于县、府、省城各建石坊以自炫。省城之坊即在此，商亦居巷内。

——钟毓龙《说杭州》

杭州中山中路有一条小巷，叫三元坊巷，它的东端连接中山中路，西端和比胜庙巷相通。读者如果由巷名想到"独中三元"这个成语，是可以得满分的。

明代时，有一个独中三元的人住在这条小巷，名叫商辂。

商辂（1414—1486），浙江淳安人，明代著名的学士和文臣。明宣德四年(1429)，他来到浙江开化县霞山村，游访江南四大书院之一的包山书院，借宿在石匠张卯生的家中。张石匠沏了一壶新茶招待商辂，商辂啜饮后，满口留香，沁人心脾，便问道："好茶好茶，是何名茶？"这茶是张石匠从云遮雾罩的高山上采来的，他随口说："是高山云雾茶。"

明正统十年（1445），商辂因有功被朝廷赐予宅邸，他请张石匠到淳安帮忙建造府第，张石匠带了几斤新茶

独中三元文毅公——三元坊巷

三元坊巷的旧貌新颜（上：20世纪90年代　下：2020年）

送给商辂。霞山村有个叫郑旦的财主，早闻大学士商辂的名气，想与之结交，就托张石匠邀请商辂来家里做客，商辂欣然答应了。

为迎接客人，郑旦重修宅第永敬堂。完工那天，商辂与张石匠应邀赴会。三人同年同月同日生，按时辰排定，张卯生为长，郑旦次之，商辂最小。郑旦让商辂坐上座，却让张卯生坐在末位。商辂推辞不过，只得落座。席间，郑旦常以言辞褒商贬张，并送给商辂名贵的西湖龙井和峨嵋珠茶，商辂则拿出张石匠送的高山云雾茶，请郑旦比较三种茶的味道。郑旦喝了张石匠的茶连声称好，说道："一饮涤昏寐，情思朗爽满天地；再饮清我神，忽如飞雨洒轻尘；三饮便得道，何须苦心破烦恼。"

商辂听了，说道："人生交友，犹如品茶，高山云雾，虽无龙井之贵，亦不及珠茶之富，然吸天地之灵气，饮岩泉之浆乳，质淳而德厚，此乃其他名茶之不及也。"郑旦和张石匠连连点头。商辂接着问道："茶分三种，各有千秋，何不以长补短，相得益彰呢？"

郑旦听出商辂的言外之意，对自己重名轻友的举动深感羞愧，于是向张卯生鞠躬致歉，请他和商辂并排同坐。商辂举杯说道："这茶喝到此时，已喝出味道来了，我提议以茶代酒，义结金兰如何？"三人便拱手行礼，结为兄弟。商辂还乘兴挥毫为永敬堂写了一副楹联："爱亲者不敢恶于人；敬亲者不敢慢于人。"郑旦连声称好，并请商辂题写"爱敬堂"三个字，把正堂挂的匾额"永敬堂"换成"爱敬堂"。

商辂的才华来自勤奋学习，矢志不移。他22岁时在省城参加乡试，考取举人第一名，后多次参加会试接连落榜，仍锲而不舍，32岁赴京城参加会试名列榜首，继而在殿试中再夺第一，成为明代近三百年科举考试中两个"三元及第"的人之一，集解元、会元和状元于一身。独中三元，不仅是家族的荣耀，也是家乡的光彩，人们在他住过的小巷建了一座青石牌坊，上刻"三元坊"，意为"连中三元"，小巷也由此得名。

天道酬勤，有志者事竟成。就在殿试力拔头筹的那年除夕夜，独中三元的商辂在杭州三元坊巷的住所里送旧迎新。屋外爆竹震响，礼花绽放，回想十多年的坎坷科考之路，他百感交集，挥笔撰写了一副对联：

乡无名，会无名，廷更无名，三十年间，天眼不开人眼瞎；

冬得意，春得意，夏益得意，八九月内，蓝袍未旧紫袍新。

走上仕途、官袍加身的商辂，先后担任翰林院学士、兵部尚书、户部尚书、文渊阁大学士、吏部尚书等职。他身居高位，刚正不阿，讽谏皇上广开言路，勤政戒奢，严惩恶吏，平冤安民，并与于谦一起力主抵抗瓦剌军，反对南迁，因此广受敬重，被时人赞为"我朝贤佐，商公第一"。

商辂年过花甲，辞官回到家乡淳安。大臣刘吉曾去拜访商辂，见他儿孙满堂，颐享天年，不禁感慨道："您身为朝廷重臣，不见笔下枉杀一人，理应得到上天厚报啊！"商辂平静地答道："我身为臣子，只是不敢让朝廷妄杀一人而已。"

明成化二十二年（1486），商辂去世，享年73岁，谥号"文毅"。这位独中三元的名臣魂归故土，后人在建德严州城内建"三元坊"牌坊，至今仍立在三元桥边。杭州三元坊巷的牌坊已无，小巷仍在，如同一页史书，记载着商辂的传奇人生和一世英名。

延伸足迹：东平巷

东平巷：东出寿安坊，西出青年路，以巷内有东

20 世纪 90 年代的东平巷

平王庙而得名。东平王者,即唐时守睢阳之张巡。庙建于明洪武间。

——钟毓龙《说杭州》

三元坊巷的北侧有一条与之平行的小巷,叫东平巷,东端连接中山中路,西端与青年路相通。南宋时曾叫下百戏巷,后来改名与一位古人有关。

唐代将领张巡(708—757)为人正直,不媚权贵,担任真源县(今河南鹿邑)县令时,除霸惩恶,深得百姓拥护。安史之乱时,他与许远率军坚守雍丘和睢阳,抵御安禄山军队进攻,弹尽粮绝,宁死不降,二将与士兵皆阵亡,为平定安史之乱立下大功,被朝廷封为东平王。

杭州百姓一向尊崇忠义之士,为了纪念张巡,南宋建炎二年(1128),在坊内建东平忠靖王庙供奉之。元代时庙宇毁坏,明洪武三十年(1397)重建,小巷改叫东平巷。1979 年,庙址改建为上城区少年宫。

巷内 9 号的一座联体仿石库门为"渤海医庐"所在，是中医妇科医生裘笑梅的故居。裘笑梅于 1933 年获得杭州市第一张中医证书及行医执照，是老杭州人所知晓的名医，家门口常有患者通宵排队求医治病。石库门前有一口年代久远的水井，一代名医用仁术济民，正如这水井，以清流积德，留下口碑。

最闹街市羊坝头——羊坝头

> 羊坝头：东即平津桥，西接九刀庙前。古时濒海，此为筑坝御潮之处，应作洋坝。俗作羊坝，非也。……俗称坝头，盖正当坝之所在也。此可谓杭州最古之古迹。……市肆甚多，灯市尤闹。明清两代，除清和外，此亦为阛阓最盛之地。
>
> ——钟毓龙《说杭州》

走出三元坊巷，沿中山中路往南行不多远就是西湖大道，这条大道从城站一直通往西湖，是杭州的一条门户大道。今天的人们很少知道，随着这条马路的建成，一个老杭州人熟知的地名从此消隐在记忆里，它就是羊坝头。

羊坝头，是与三元坊巷平行的一条小巷，东端始于中山中路，西端连接定安路。杭城临近江海，古代在这里修筑阻挡洋潮的堤坝，俗称"洋坝"，这一带便叫洋坝头，口口相传，后来就叫成了羊坝头。

羊坝头也是出过功臣的地方，这人就是抗倭名将万表。

明朝嘉靖年间，倭寇经常袭扰我国东南沿海，一些由和尚组成的僧兵抗击倭寇，骁勇善战。杭州的寺庙里也寄居着很多少林寺武僧，他们整日习拳舞棍，闭门练武。有一个同样武艺高强的人常来庙里，与武僧交谈甚欢，结下友情。这个人就是驻守浙江的明军将领万表，他认为国家太平日久，士兵不善打仗，而这些少林武僧精通格斗之术，国家危难时可以重用。

很多官员对僧兵并不看好，万表为了让众人信服，便在杭州涌金门举行格斗比赛。明军派出八个教头，武僧只有孤舟和尚一人出阵。比赛号令一响，只见腾挪翻滚，棍棒飞舞，才几个回合，孤舟和尚就赤手空拳夺下明军教头的棍棒，将八人全都击倒。官员这才信服，将少林武僧编入守卫杭城的明军。

明嘉靖三十二年（1553）六月，倭寇进逼杭州，万表让明军将领吴懋宣和孤舟和尚率200个僧兵迎战。两军对垒，倭寇想用钱财诱使僧兵放弃抵抗，清心寡欲的武僧不为所动，趁着夜色火攻敌营，大败倭寇，杭城重获安全。僧兵名声大振，万表更是受民推崇。

万表（1498—1556），出身武官世家，从小聪颖好学，白天练习骑术，晚上秉烛苦读，17岁就世袭担任宁波卫指挥佥事，武举考试排名第一，会试考中武进士。他爱国忧民，文武双全，不仅精通用兵之道，而且长于写书作文，是万氏家族中的杰出人物。

倭寇猖獗的地区，百姓纷纷逃离，无法耕种，官府仍要征收田赋，很多人被迫投奔倭寇。万表向巡抚周琉建议免除百姓田赋，奖励回村耕种的农民，这样既可让他们不再投奔倭寇，又能为明军招募士兵，从而做到"如我得千人，则贼减千人"。他的建议被采纳，果然稳定了民心，军力大增，最终逐退倭寇，难怪古人认为万表的将略与戚继光齐名。

万表大半生都战斗在抗击倭寇第一线，屡战屡捷。明嘉靖三十三年（1554），倭寇进犯江苏和杭嘉湖地区，已经57岁的万表率兵痛击，倭寇射来的箭密集如雨，他身中一箭，血流不止，不退半步，终于击退倭寇。家人听说他受伤十分担心，他写信给儿子说："我家世以力战报国，我独持文墨议论，不任兵。今晚年增一箭痕，不亦美乎！"

两年后，万表病故，忠骨葬于杭州欧家山。他为官四十年，一直以"宁静淡泊"为座右铭，心系家国，不贪名利，家里简朴无华，没有多余钱财。普通百姓在路上遇见他，都不知道他是一位抗倭名将。

羊坝头曾经住过这样一位民族英雄，知道的人不多。在老杭州人眼里，羊坝头是杭城人气最旺的地方，即"阛阓（街市）最盛之地"。这里南面靠近鼓楼，北面毗邻官巷口，与之相交的中山中路在南宋时为御街，酒肆相连，灯火通明，成为商业娱乐中心。民国时期，羊坝头一带更是杭城最热闹的地段，店铺林立，市面繁荣，有万源绸庄、高义泰布店、豫丰祥百货店、采芝斋食品店、亨达利钟表行等著名老铺商行，还有日用百货店和旧货店，顾客络绎不绝。

羊坝头与中山中路相交处也是老杭州的金融中心。人们在这里可以看到几幢古典风格的西式建筑，条石砌墙，华贵气派，象征着财富和稳固，这就是建于民国时期的浙江实业银行、浙江兴业银行（现为工商银行羊坝头支行办公楼，浙江省文物保护单位），在旧中国银行界的"南三行"中占了两家（还有一家是上海商业储蓄银行），说这里是当时杭城最"有钱"的地方，实不为过。这几家银行的兴衰历程，也在中国金融史上留下浓墨重彩的一笔。

城市圆舞曲：西湖大道立交桥

    1999年，羊坝头拓宽为街，与相接的涌金路贯通，成为杭城一条东西向的主干道，统称西湖大道。西湖大道南侧与之平行的一条小路，仍保留着羊坝头的地名。作为杭州曾经最热闹的一个地段，著名老店和银行大楼仍在，只是人气再不如前。

延伸足迹：红门局

    红门局：东起定安路中段，西至鸿兴里折南转西至劳动路，北连涌金路。……明永乐中于涌金门建织造局……以其大门为红色，故称红门局。
    ——杭州市地名委员会办公室编《杭州市地名志》

    羊坝头与定安路相交处的南侧有一个"红门局"，

很多人以为它是一个部门单位，其实它是一个巷名。这条小巷的东端连接定安路，西端与延安路相通，数百年前，这里是杭城最绚丽华贵的地方之一。

杭州地处江南水乡，蚕桑物资丰富，丝织业发达。明永乐二年（1404），朝廷在杭城旧御史台原址设织造局，负责采办绫罗绸缎，制作皇室百官和豪门权贵穿戴的华冠锦袍、纶巾缎靴等。织造局的大门是红色的，所以人们叫它红门局，所在的地方也因此得名。

红门局设官厅和织厅，官厅负责采集运输及管理等事务，有各种用房上百间，并建三个大厅，正厅悬挂"天章首焕"的匾额；织厅由一百多个织染作坊和两个库房组成，大堂的横匾写有"经纶"二字。据史料记载，明代时，红门局年产龙缎三万匹，清朝康熙年间拥有织机六百张，能工巧匠两千多人，精染细纺各色绫罗绸缎，做工考究，华贵精致，并能仿照日本、高丽等国的贡品缝制丝帛衣物，可谓真正的丝绸之府。

20世纪90年代的红门局

红门局除了办公用房和加工作坊外,采用园林布局,假山曲廊,栽桃种梅。每当暖风绽苞时,彩帛与鲜花相映成趣,引来很多市民登门观赏,更有文人雅士赋诗助兴,曾有《红门局看梅》二首写道:

> 红墙宛转护官梅,早向东风取次开。
> 笑我三人头尽白,也随游女看花来。
>
> 嫩晴天气午风和,坐对茶烟扬碧柯。
> 领略花间春意趣,机声停处鸟声多。

花开花落,人间几何。繁盛百年的红门局在风雨中已成明日黄花,而杭州人对丝绸服装业的贡献则世代为人称道,正所谓——

红门不再"红",难忘"局"中人。

夫妇惠民最相宜——惠民路

> 惠民路：东起中山中路南段，西至旧藩署。……后市街将此路分为东西两段，东段南宋时为市南坊即巾子巷，或称金子巷。《梦粱录》称金子巷口有徐官人幞头铺。巾子巷之名或由此而来。又名惠民巷。西段原为宋理宗之潜邸，后改为龙翔宫。
>
> ——杭州市地名委员会办公室编《杭州市地名志》

羊坝头的南侧有一条与之平行的路，叫惠民路，它的东端连接中河中路，西端通往延安南路。这条路同样留下了苏东坡施政惠民的美谈。

北宋元祐四年（1089），苏东坡第二次来到杭州，担任知州，当时正逢旱涝灾情严重，瘟疫流行，百姓贫病交迫。苏东坡忧心如焚，急奏朝廷请求拨粮减赋，救济灾民，同时在侍妾王朝云的鼎力相助下，在杭城的巾子巷办了一座病坊，取名"安乐坊"，请精通医术的郎中和僧人坐堂，开展防疫治病工作。这一善举普惠于民，延续多年。南宋时病坊改建为施药局，元代改为惠民药局，小巷于是就叫惠民路了。

苏东坡有名的妻妾有三人，发妻叫王弗，和他感情深厚，相守十一年，不幸早逝。王弗去世十年后，苏东坡写了著名的《江城子·乙卯正月二十日夜记梦》，慨

惠民路

叹"十年生死两茫茫。不思量，自难忘"，每当梦中重逢，总是"相顾无言，惟有泪千行"。

丧妻三年后，苏东坡娶了王弗的堂妹王闰之，夫妻相濡以沫。王闰之在苏东坡被贬官的困难时期，不离不弃，陪伴二十五年，最终也先他而去。

苏东坡与王朝云的结合则更有戏剧性。北宋熙宁四年（1071），苏东坡第一次到杭州，担任通判，在朋友聚会时与歌女王朝云相识。王闰之也十分怜爱这位年幼的歌女，将其收为侍女，夫妻两人教她写字读书。后来，苏东坡纳王朝云为妾，两人虽年龄悬殊，精神却十分契合。传说有一次苏东坡吃完饭，摸着肚子问侍女："你们说我腹中有何物？"一人说："学士满腹文章。"苏东坡摇摇头。另一人说："学士满腹见识。"苏东坡不以为然。这时，只听王朝云说道："学士一肚皮不合时宜。"苏东坡想到自己因政见不同而遭排挤，仕途坎坷，不禁笑道："知我者，唯有朝云也。"

苏东坡为"知我者"王朝云写的诗词最多，常作完一首便让她以歌舞应和。王朝云演到动情处常声泪俱下，难怪苏东坡将她视为红颜知己，称她是"天女维摩"。

苏东坡筹建安乐病坊也有王朝云的功劳。当时朝廷的拨款只是杯水车薪，王朝云将自己的金银首饰和积攒的钱财全部捐出，受其感召，一些富商也相继捐款，终于办起了病坊。苏东坡和王朝云常亲临病坊看望病人，与医者商议治病对策，其中有一种中成药叫苏合香丸，就是在苏东坡亲自过问下配制的。此药专治中风中暑、心胃气痛等症，中药店至今仍有售。

苏东坡人生起伏多变，王朝云一直相守不离，可惜34岁即病故。失去知己的苏东坡，只剩不尽的伤感与思念，再未婚娶。他为王朝云修墓建亭，写的楹联是："不合时宜，惟有朝云能识我；独弹古调，每逢暮雨倍思卿。"

如今，小巷拓建为马路，斯人均已逝，唯有路名存。无论过去多少年，行善惠民，永远不会"不合时宜"，而"能识"苏东坡的，不仅有朝云，还有众百姓。

延伸足迹：后市街

上后市街：北通下后市街，南出河坊巷……宋时已有此名，殆取"前朝后市"之意。

下后市街：南接上后市街，北出羊坝头。……宋理宗潜邸在街西，后改为龙翔宫。魏惠王府、哲宗孟后及光宗李后之宅均在此。南宋时繁华之地也。

——钟毓龙《说杭州》

东西走向的惠民路与一条路相交，将其分为南北两段，这条路叫后市街，它的北端始于羊坝头，向南贯通惠民路直达河坊街，与大井巷隔街相对。

南宋都城在杭州存续了130多年，其间演绎了皇室多少悲喜故事，宋光宗的皇后李凤娘便是众多主人公中的一位，她曾在后市街住过。

传说李凤娘出生时，有一只黑凤凰在门前盘旋，所以取名凤娘。也许这是造物主使然，李凤娘长大后姿容俏丽，却心狠手辣，当上皇后以后，处处操控生性懦弱的宋光宗赵惇，挑拨宋光宗与宋孝宗的父子关系，甚至宋孝宗临死前也不让宋光宗见父皇一面。更令人发指的是，有一次赵惇洗脸时，一个侍奉的宫女捧上毛巾，赵惇看到她的双手纤细白嫩，随口称赞了一声，正好被旁边的李凤娘听见。第二天，赵惇收到一盒食品，侍从说是皇后送的，他打开盖子一看，竟是那个宫女血肉模糊的两只手，赵惇吓得魂飞魄散，经常在噩梦中惊醒……

宋高宗赵构建都杭州，在城外的凤凰山麓建造皇城，并修建十里御街（今中山南路、中山中路、部分中山北路）贯通主城。清河坊毗邻御街，是中央官署集中之处，皇亲国戚和达官显贵也争相在这一带建府邸私宅，宋理宗赵昀做太子时的府邸就在这里。赵昀做了皇帝后，府邸改为龙翔宫，龙翔宫旁边是太后和皇后的宅邸，其中便有宋哲宗皇后孟氏和宋光宗皇后李氏的宅邸，后者就是那个心狠手辣的李凤娘。

古代都市的街区，往往前面是皇朝府邸，后面是商店街市，所以有"前朝后市"的说法。后市街面向凤凰山麓的皇宫，位于闹市清河坊后面，故这样称之。南宋时，这条街上有很多商家店铺，酒馆歌楼，人气很旺，特别在节庆期间，更是市民云集，人群熙攘，旧有《观灯诗》，写的便是当时的热闹景象：

文锦坊西后市南，闹竿挑过百花篮。
少年游手夸轻俊，拾得双头碧玉簪。

现在，后市街已经拓宽，住宅楼鳞次栉比，紧邻的两条老街巷都改建成商业街——河坊街上商家店铺密集，各地游人摩肩接踵；高银街上酒楼饭馆林立，四方食客纷至沓来。

世纪更替，沧桑巨变，位于闹市后面的后市街，依旧名副其实。

百井有眼看兴替——百井坊巷

百井坊：在万岁桥西南，仁和县巷，旧为祥符寺北界，有吴越王九十九眼井。……尝考《十国春秋》，吴越宝正六年浚中兴寺戒坛院井，井九十九眼，号钱王井。则九十九是眼数，非井数明矣……坊曰百井，当从此得名。

——丁丙《武林坊巷志》

杭州很多里弄坊巷用水井命名，百井坊巷便是其中之一，它的东端与中山北路连接，西端与延安北路相通。这条巷和一位很有作为的古代帝王有关，他就是吴越国王钱镠。

钱镠（852—932），五代十国时期吴越国的创建者，他在位时采取保境安民政策，吴越国人才荟萃，经济繁荣。他发动20万民工修筑捍海石塘阻挡潮水侵害，扩大垦田，使"钱塘富庶盛于东南"。曾有风水先生建议他填埋西湖以扩建城市，这样可延续国业千年。钱镠说："百姓无水何以生存，国家无民何以延续，从来没有千年的王朝，吴越能立国百年我已心足。"杭州百姓有幸，风景秀美的西湖因此得以保留。

钱镠定都杭州，人口剧增，百姓用水成为头等大事。杭州近海临江，土地受海水浸渍，地下水咸涩难饮。百井坊巷一带人口稠密，早在南朝时就在这里建发心寺，唐代改叫龙兴寺，宋代改名祥符寺，寺庙占地五十亩，范围延至九里，僧众多达千人，寺庙附近还驻有兵营，一时佛事兴隆，人烟繁盛，用水问题也尤为突出。

为解决黎民众僧和官兵的饮水之难，钱镠在寺庙内外广挖水井。这里地处城北，古时离海更近，土地盐碱化严重，往往要挖很多口深井才能找到淡水，一共挖了99眼水井，号称百井。于是，这里就叫百井坊巷，世人称道"百井得名地，千家受福时"。

民间还有一个传说。五代后唐天成四年（929），钱镠因得罪素有旧怨的枢密使安重诲，被后唐明宗李亶削除官爵。钱镠的儿子钱元瓘等人上奏朝廷申诉，两年后，李亶惩治安重诲，恢复钱镠官爵。这一年钱镠正逢八十寿辰，便在祥符寺开凿99眼水井，以示功德圆满，寿延百年。

至于钱镠是否真的挖了99眼水井，人们大多认为这并非实数。古人挖一口井，常在上面开数眼井圈，以便

20世纪90年代的百井坊巷

多人同时汲水，所以 99 眼并非是井的数量。九是数目中最大的，古代常用九表示数量最多，因此 99 眼是形容挖井之多。正如有人写道："休哉吴越王，凿井泽愈普。井有九十九，未能成仆数（意为数不过来）。后人难名称，遂将成数举。"

如今，人们早已告别饮用井水的年代，而水井造福于民，泽被四方，是不应该被遗忘的。2001 年，百井坊巷拓宽为街，巷内尚存一口井，井边立有一块刻着"饮水思源"的石碑，街口放置了五个石质井圈和居民使用井水的雕塑，显示着被井水浸润的城市文脉。

2020 年的百井坊巷

延安路上的钱王井

百井大多不存，在百井坊巷西端巷口对面的延安路上，还能看到当年祥符寺后院菜地里的一口水井。钱镠时代留下的这口水井俗称铁甲泉，泉水清澈，终年不涸，人们为纪念钱镠，称之为钱王井，也叫祥符井。

水井如人，伫立路边，就像一位久经沧桑的老者，在默默地怀念着过往的岁月，观看着社会的兴替。

延伸足迹：皇亲巷

皇亲巷：北出百井坊巷，南出宝极观巷。旧名太平巷，亦称皇清巷、报恩里。明孝惠太后死后，于此立勋戚牌坊，故名。

——钟毓龙《说杭州》

百井坊巷南侧有一条小巷，南端始于凤起路，北端连接百井坊巷。它叫皇亲巷，一看名字就知道一定和皇族有关。

明天顺八年（1464），明宪宗朱见深继位。这位曾被叔父朱祁钰废黜的太子当上皇帝后，治国理政较为开明，任用贤臣，减税宽刑，还为于谦平反冤案，《明史》赞其"恢恢有人君之度"。

明成化十二年（1476）秋天的一个夜晚，月光皎洁，枫叶染红，朱见深正在紫禁城的御花园观景赏月，忽然听到花木掩映处传来女子吟诵诗歌《红叶》的声音：

宫漏沉沉滴绛河，绣鞋无奈怯春罗。
曾将旧恨题红叶，惹得新愁上翠蛾。
雨过玉阶秋气冷，风摇金锁夜声多。
几年不见君王面，咫尺蓬莱奈若何？

声声幽怨，句句伤感，朱见深十分好奇，后宫里有如此"旧恨新愁"的会是何人呢？近前一看，是一位姿容美丽的宫人。朱见深被她的才貌所动，便册封她为宸妃，后来晋封为贵妃。

原来，这位宫人来自浙江昌化一个平民家庭，父亲邵林以淘沙为生，只有一个女儿。她14岁时被卖给杭州镇守太监，后被带到京城。邵氏女天生丽质，知书达理，被选入宫中，却因出身寒门，受到得宠的万贵妃嫉妒，只能待在后宫寂寞度日。

邵氏女生了三个儿子，孙子朱厚熜就是后来的明世宗，即嘉靖皇帝。她在皇宫生活50多年，并不骄横跋扈，且能体恤民情。来自江南平民之家的她对当上皇帝的朱厚熜说："女子入宫之苦，饮食起居，皆不得自如，以后选女毋下江南，亦见我开恩于江南女子也！"

女儿当上贵妃，父亲自然成了皇亲国戚。邵林被封为昌化伯，享受厚禄，还在杭州住过的小巷建豪华住宅，取名"邵园"。当年邵氏女住过的这条小巷，由此得名皇亲巷。

明嘉靖元年（1522），邵氏女去世，朱厚熜谥祖母为孝惠皇后，并在皇亲巷立"勋戚牌坊"，还耗银十万两将曾祖父邵林和曾祖母厚葬在杭州南屏山麓。说来奇怪，坟地周围生长大片蚕豆，颗粒大、味道好，杭州百姓称之为"皇坟豆"。

到了20世纪30年代，皇亲巷里的皇亲国戚早已不见踪迹，一位画家和文学家曾在小巷安居，他就是丰子恺。丰子恺住在皇亲巷9号，把自己的老宅雅称为"肖闲"。这是一幢两层三开间的江南民居，白墙衬托黑瓦，开窗便见庭院，他在这一方天地里灵思泉涌，妙笔生花，为世人留下大量精美隽永的绘画和散文作品，正如著名文学家俞平伯对他的评价："一片片的落英，都含蓄着人间的情味。"

1995年，凤起路扩建，丰子恺故居被拆除，昔日的皇亲巷成为皇亲苑住宅小区，小区的南门立有"丰子恺艺术纪念碑"，为这条小巷留下了一抹历史的印痕。

耶稣堂弄

> 耶稣堂弄：东起中山北路，西至延安路。……又名兴福寺巷、青春巷。清时，司徒雷登父亲司徒尔在此建有耶稣堂，故名。
> ——杭州市地名委员会办公室编《杭州市地名志》

从百井坊巷沿中山北路向北走没多远就到了天水桥，这里有一条与百井坊巷平行的小巷，东端始于中山北路，西端连接延安路，宋代叫兴福寺巷，后来因为与一个外国人的邂逅而改叫耶稣堂弄。

清光绪二年（1876）初夏的一天，一个美国男孩诞生在这条小巷里，取名司徒雷登。他的奶妈是杭州人，这让他在嗷嗷待哺时汲取的是杭州的乳汁，牙牙学语时最先接触的是杭州的方言。难怪他长大后，人们听到这位深眼眶、高鼻梁的外国人会说很多杭州的方言俚语，无不感到惊讶好奇。

司徒雷登的父亲约翰·司徒尔是美国传教士，在天水桥建了一座教堂"天水堂"，还办起学校和育婴堂，他居住的地方就叫耶稣堂弄。司徒雷登在这条弄堂里度过了童年，他和中国小伙伴一同摘银杏果、看社戏和观彩灯，喜欢吃中国的年夜饭，常和家人坐彩船游西湖，雷峰塔、灵隐寺也是他流连忘返的地方。

司徒雷登11岁回美国读中学，大学毕业后子承父业，又回到杭州当了传教士，人称"司徒先生"。1919年，他在北京创办燕京大学（后与北京大学合并）并担任校长20多年，他苦心经营的这座被人誉为世界上最美丽的校园，为中国培养了大量杰出人才。太平洋战争爆发后，他因拒绝与日军合作被关押四年，抗战结束后担任美国驻华大使。1949年，司徒雷登离开中国，他没有运走任何资产，带去的是对这片故土的深情眷念。

司徒雷登常说："我是一个中国人更甚于是一个美国人。"他为传递中美两国人民友谊不遗余力，被授予杭州"荣誉市民"称号。去世后，又回归生于斯、长于斯的中国，和他的父母兄弟安葬于杭州的碧水青山。

司徒雷登的故居在耶稣堂弄3号，是一幢两层砖木

位于耶稣堂弄 3 号的司徒雷登故居

结构的中西式楼房,并有花园假山。故居于 2003 年重建,被列为杭州市文物保护单位。当年约翰·司徒尔在院子里栽种的银杏树和榉树依旧枝繁叶茂,紧邻的天水堂经过重修面貌一新,弄堂也已拓宽,"耶稣堂弄"的牌子仍然挂在巷口,无声地表达着杭州人民对这家美国朋友的恒久情怀。

小楼深巷听春雨——孩儿巷

> 孩儿巷：东出同春坊对北桥，西抵西牌楼。宋代为保和坊之砖街巷，似因以砖砌路而得名。陆游任军器少监、礼部郎中时居此巷。亦名泥孩儿巷，以昔时地多泥孩儿玩具铺，后简称孩儿巷。
>
> ——钟毓龙《说杭州》

杭州有一条小巷，取名"孩儿"，别看名字充满"孩子气"，其实年岁已很长，故事就更多了，主人公既有孩儿也有老人。

先来讲讲孩儿的故事。

很久以前，巷子里住着一户人家，只有母子二人，男孩备受母亲宠爱。有一天，男孩看到邻居院子里晾晒着杭州人喜欢吃的白鲞，见邻居家没人，就偷偷拿了一条白鲞，回家不敢拿出来，怕被母亲责骂，没想到母亲看到后却夸儿子懂事能干，知道顾家。男孩就这样养成了小偷小摸的习惯，从顺手牵羊到入室偷窃，贼胆越来越大，长大后成了大盗，最终被官府抓获判处死刑。

临刑那天，母亲站在围观的人群中悲痛欲绝。监斩官问儿子有什么话想对家人说，儿子说想再吃母亲的一口奶水，不忘母亲哺育之恩。人之将死，其言也善，监

位于孩儿巷98号的陆游纪念馆

斩官同意了他的要求。母亲走上前去,流泪解开衣襟,不料儿子把脑袋伸到母亲胸前,用力咬下了母亲的奶头,哭着说道:"娘啊,没有你的纵容,孩儿怎会有今日!"儿子伏法后,母亲痛不欲生,悬梁自尽。

这个"浪子回头咬奶头"的故事口口相传,人们便把这条小巷叫作"害儿巷",时间长了,因发音相近,后来叫成孩儿巷。相同版本的故事很多地方都有,说的都是父母溺爱娇宠孩子的危害,因而成为古今家教的生动教材。

上面讲的故事只是民间传说,孩儿巷与孩子有关,则是实实在在的。

每年农历七月初七,是我国传统的七夕节,也叫乞巧节和女儿节。这天夜晚,人们仰望星空,沉浸在关于牛郎织女的浪漫故事里,也是儿童无比开心的时候。

南宋时,随着都城南迁,把北方特别是东京汴梁(今河南开封)的一些风俗带到杭州,例如七夕节时,杭州民间也像北方那样流行用泥巴捏制摩睺罗（摩睺罗为梵文译音，即泥孩儿的意思）。孩童们手里挥动新摘的荷叶，模仿泥孩儿的各种形态，在街头巷尾手舞足蹈，嬉戏玩耍。南宋典籍《梦粱录》里是这样描述的："市井儿童，手执新荷叶，效摩睺罗之状。此东都流传，至今不改。"许多外地游客也到孩儿巷购买色彩斑斓、形态各异的泥孩儿，作为礼物回家送人。

南宋时，杭州还流行一种叫"拴泥儿"的习俗。一些想要生儿子的人家，大年初一到寺庙烧头香时，用红色绒线拴着一个泥做的男娃娃，放在菩萨面前，表示儿子已经拴住，然后持香跪拜，再用红布包好拿回家，供奉在祖宗牌位旁，以求神灵和祖宗保佑早得贵子。

有需求就有市场，孩儿巷制售泥孩儿的店铺一家挨着一家，满巷子都是"泥孩儿"，人们叫它孩儿巷自然名副其实了。

如今的孩儿巷已拓宽成街，东端始于中山北路，西端跨延安路连接武林路，街名仍叫孩儿巷，可以算是杭城最长的一条小巷了。

再来讲讲古今两位老人的故事。

这位古代的老人就是我国著名的爱国诗人陆游。陆游（1125—1210），越州山阴（今浙江绍兴）人，从小亲历金兵入侵带来的战乱，对靖康之耻感受深切，年轻时就立下"上马击狂胡，下马草军书"的豪迈志向，走上仕途后，爱国忧民，力主抗金，却屡遭秦桧等人排斥。

南宋淳熙十三年（1186），因主战被削职在家5年的陆游，经丞相王淮提名，奉诏从山阴来到杭州，被朝廷任命为严州知府,掌管富春江畔的建德、淳安、桐庐等地政事。他在杭州等候朝廷召见时,住在孩儿巷的一座小楼里,虽已62岁,仍然壮心不已,渴望为国建功,他上书宋孝宗赵昚,愿率兵北伐,平定中原。不料,赵昚偏安南方一隅,无意收复故土,对陆游说:"严陵,山水胜处,职事之暇,可以赋咏自适。"意思是严州一带山清水秀,你还是乘任职之暇纵情山水,吟诗作词,自得其乐吧。

山河破碎,"但悲不见九州同"的陆游怎有心情游山玩水?他独自待在小楼里,彻夜难眠,去严州任职并非自己所愿,本想征战沙场,不惜马革裹尸,却是报国无门,壮志难酬,满腹的惆怅苦闷难以排遣。

时值早春,春雨淅沥,陆游望着窗外,幽深的小巷烟雨朦胧,偶有行人从楼前走过,雨珠从屋檐落下,滴答有声。此情此景,让陆游想起同时代的抗金名将岳飞写的"莫等闲、白了少年头,空悲切"的词句,自己已是六十老翁,"靖康耻,犹未雪",再难看到"王师北定中原日"的到来,只能对天长叹。

不觉天色渐亮,春雨停歇,楼下传来小贩叫卖杏花的吆喝,声音在幽深的小巷里回荡,随着晨雾飘散开去。陆游推开窗户,循声望去,似乎闻到了早春的芬芳,还有家乡的气息,不禁触景生情,挥笔写下一首七言律诗,题为《临安春雨初霁》:

> 世味年来薄似纱,谁令骑马客京华?
> 小楼一夜听春雨,深巷明朝卖杏花。
> 矮纸斜行闲作草,晴窗细乳戏分茶。
> 素衣莫起风尘叹,犹及清明可到家。

陆游在诗里表述的是，自己既然已经看透如同薄纱的世态人情，为什么还要客居京城呢？独坐小楼，只有夜雨相伴，叫卖杏花的声音让人更添春愁，只好写字饮茶打发时光。身在官场，自己不会被污浊风气沾染，但愿清明节就可以回到家中了。

这首不足 60 个字的诗，表达了看似闲适寂寞的心境，其实是无奈惆怅的悲情。其中"小楼一夜听春雨，深巷明朝卖杏花"成为千古佳句，当时传入皇宫，宋孝宗赵昚大加赞赏。对此，清代的谢启昆在《树经堂诗初集》中这样写道："小楼杏雨临安客，早有诗名入禁中。"清代的舒位在《书剑南诗集后》中也作了评论："小楼深巷卖花声，七字春愁隔夜生。较可尚书词绝妙，一晴一雨唱红情。"

20 世纪 90 年代的山子巷

孩儿巷的南端连接着弯曲延伸的山子巷（也叫山芝巷或山枝巷），历来有人推测，多次来杭州居住的南宋诗人陆游，当年也可能在山子巷住过，其著名诗句"小楼一夜听春雨，深巷明朝卖杏花"中的"深巷"，或许指的就是这条蜿蜒幽深的巷弄。

陆游究竟是在孩儿巷还是山子巷写下《临安春雨初霁》，尚无确证可考，毋庸置疑的是，这首诗生动含蓄地表现了千年古城的市井风情，也为江南小巷增添了丰富的文化意蕴。

创作这首诗不久，陆游就离开杭城去严州赴任了，在担任严州知府期间，恪尽职守，积极作为。当时遇到严重旱灾，他一边上奏朝廷要求减免赋税，一边开展抗灾救助活动，深得人心。富春江的山光水色也赋予诗人太多的灵感和激情，他在任期间，创作了大量的诗词文章。

说到孩儿巷，还有一位今天的老人也值得一提。

孩儿巷现已拓建为宽阔的街道，马路两边都是商家酒店和住宅高楼，全无"深巷"的味道，只剩一座白墙黑瓦的老宅显得有些另类。老宅的门牌上写着孩儿巷98号，这是一幢建于清代中晚期的建筑，占地0.08公顷，双层回廊式木结构，共有五进，门窗、板壁、楼道和围廊镂刻蝙蝠、八卦等文饰，牛腿（房梁与外墙连接的突出部位）为仙鹤与麒麟组成的木雕，具有典型的江南传统民居特色。

1998年，孩儿巷一带实施改建工程，孩儿巷98号列入拆除范围。从小就住在这里的钱希尧老人对旧宅深有感情，不忍心看到这座百年老屋从此不复存在，多方奔走呼吁保留这一建筑，进行多年的诉讼，一审法院判决钱希尧败诉，老人继续上诉。我国著名古建筑专家阮仪三也到孩儿巷98号进行考证并提出保护建议，杭州市政府十分重视，杭州市中级人民法院撤销一审判决，百年老屋终于得以保留。这一全国首例民间力量通过法律途径保护历史建筑获得胜诉的案例，为依法处理城市建设与文物保护的问题提供了借鉴，在社会上引起很大反响，《人民日报》和中央电视台等媒体亦对此做了报道。

2004年，孩儿巷98号被列入杭州市历史建筑保护名单，重新修复，作为陆游纪念馆对外开放。老宅再现新颜，向人们展示着孩儿巷延伸的历史文脉，还有杭州市民的文化情结。

延伸足迹：竹竿巷

> 竹竿巷：东接众安桥，西至饷部前。宋时为纯礼坊后洋街。传杭州编篱花之细竹在此集市，故名。
> ——钟毓龙《说杭州》

孩儿巷的南侧有一条与之平行的小巷叫竹竿巷，这条小巷东端连接永丰巷，西端通往延安路。宋代时，这里是买卖竹子的集市，专门出售编制篱笆、箩筐和插花用的细竹条，所以叫竹竿巷。

竹竿巷也是达官名士居住之地，其中有北宋的殿前都指挥使赵密，南宋的靖王、秀王、太师史浩，清朝的名士毛奇龄和东阁大学士梁诗正等的宅第，名宅故居就有二十多处。

苏东坡在杭州担任知州时，也在竹竿巷住过。有一次，有人运送官粮到京城，乘机暗藏私货，为了偷逃税款，在私货的包装封口上写的发货人是"杭州知州苏内翰"

竹竿巷

（苏东坡曾任翰林学士，故世人也称他为"苏翰林"或"苏内翰"），沿路关卡一看是苏东坡发送的货物，都不细查，一路放行。那人自以为得意，没想到最终还是被官府查获，问他何以如此大胆，竟敢冒名作案，那人只得如实招来："论最负盛名，哪个能和苏先生相比呢？想用此招蒙混过关，以为可通行无阻，结果还是被抓了。"消息传到杭州，苏东坡听了并没动怒，反而付之一笑，让人告知那边官府，把包装封口上的发货人直接改成"竹竿巷苏学士"即可，税款照罚便是。

苏东坡的这一举动，史书多有记述，人们从中读到的大多是他豁达幽默的性格，而东坡居士把"杭州知州"改为"竹竿巷"，将发货人"去除官职"，或许也有为官行事应当公私分明的用意吧。

麒麟街

麒麟街：南出孩儿巷，北抵宝带桥河下。旧名新营街。麒麟或为新营之讹。然据考名麒麟亦有据。此街元时近贡院,昔时以麒麟为祥瑞之征。

——钟毓龙《说杭州》

孩儿巷的北侧有一条小街与之相交,它叫麒麟街,南端连接孩儿巷,北端通到凤起路。杭州的老街巷用动物命名并不鲜见,而它的名字居然是传说中的一种神兽,就有点稀奇了,这就要说到六百多年前的一场考试。

古代的科举考试分为乡试、会试和殿试三级。报考者先要参加童生试,通过后的童生称为生员,也就是秀才,然后才有资格参加乡试。乡试通过的称为举人,会试通过的称为贡士,殿试通过的称为进士。

元至正十年(1350)秋天,来自浙江各地的生员到杭州贡院参加乡试。八月二十二日深夜,万籁俱寂,在贡院看门的人听到院墙外有响动,开门一看,只见一只怪兽从面前飞快地跑过,吓得他大声喊叫起来。众人闻声出来一看,怪兽已消失在街道尽头,不见踪影,大家以为是一只狗,值班的看花了眼,便回屋去睡了。

第二天一早,考官来到贡院,听说昨夜发生的事,问看门的人到底看见了什么,看门的仍惊魂未定,说道:"那只怪兽长着独角不像鹿,长着牛蹄不像牛,长着驴尾不像驴,浑身长鳞不像龙,是个四不像。"考官听了后不仅没有吃惊,反而面露喜色地说道:"这不是麒麟吗?善哉!善哉!"

原来,麒麟是我国古代神话传说中的一种动物,民间也叫"甪端""獬豸""独角兽",它长着麒麟头、狮身、独角、长尾、四爪,可日行一万八千里,与凤、龟、龙并称"四灵",居于四灵的首位。人们认为麒麟可以驱

麒麟街

邪消灾，带来吉祥太平，所以又叫它瑞兽和神兽，古代帝王常制作麒麟的石像护佑皇陵。民间还有"麒麟送子"的说法，认为麒麟送来参加考试的童子将来都能科举中第，成为贤良之臣。

再说这位认为"善哉"的考官，他走进乡试考场，想起昨夜有麒麟经过贡院，灵机一动，何不就以"甪端"为题，让考生作文，既能带来吉利，也能看看考生临场发挥的能力。考生都没想到会出这样的怪题，只得冥思苦想，借题发挥。考完后，考官批阅试卷，发现真有几篇堪称佳作，其中有两篇《甪端赋》后来还收录在《至治之音》一书中。

从那以后，贡院所在的这条街就叫麒麟街。明代时，它曾改叫新营街，大概当地居民觉得还是原来的名称更加吉利，于是又叫它麒麟街，直到今天。

石桥相斗见人心——斗富桥

斗富一桥：在断河头北，宋时名通利桥，亦名平安第一桥。昔时凡过客由杭东渡者，皆于此登陆。

斗富二桥：在一桥北，宋时名米市桥。……旧名平安第二桥。

斗富三桥：在二桥北，宋时名五柳园桥，近老儿营，旁有巷，犹名五柳。旧名平安第三桥。

按以上三桥，均以斗富名，其义不可晓。……宋时已有平安之名，何时易为斗富，无可考。俗讹作豆腐。

——钟毓龙《说杭州》

北宋末年，金军将领兀术率50万金兵，挥师南下，攻城略地，宋王朝岌岌可危。抗金名将陆登奋勇抗敌，战死疆场，夫人也尽节自杀，留下一个男婴名叫陆文龙。金兀术感佩陆登夫妇精忠报国的气节，收陆文龙为义子，陆文龙长大后成为他的手下将领，武艺高强，骁勇善战。

岳飞军中有一个部将叫王佐，他英勇杀敌，战功卓著。王佐愿意只身冒死到金营说服陆文龙归顺南宋，岳飞担心难以成功。王佐说可用苦肉计取信金兀术，说完拔剑斩断自己的右臂，岳飞只得含泪答应。

王佐来到金营，对金兀术说道："小臣王佐，劝岳飞与金军议和，岳飞不仅不听，还斩断我的右臂，我只得投奔大将军。"金兀术信以为真,将王佐留在金营。王佐乘机接近陆文龙,告知他的身世。陆文龙决心为父母报仇,便跟王佐投奔宋营,后来率兵大败金军。

王佐出使金营有功,为此失去一条胳膊,再也不能打仗。经岳飞推举,宋高宗赵构封他为安乐王,并特许他在杭州建一座王府,尽享安乐生活。

王佐自然高兴,打算在杭州菜市河(今东河)附近建造安乐王府,于是征集民夫,大兴土木,把摆渡的木船都用来运送石材木料,给当地百姓的生活带来很大不便。人们怨声载道,编了民谣唱道:"安乐王,安乐王,一人安乐众人忙。"

王佐知道百姓的不满后,深感不该居功享乐,建房扰民,决定不再建造豪华王府,腾出一部分上好的石料在东河造一座石拱桥,以便人们通行。桥造好后,百姓感念其德,叫它安乐桥,还把那首歌谣改成新词传唱:"安乐王,安乐王,为民造桥美名扬。"

有人听说这事却不高兴了,此人就是宰相秦桧。他看到百姓交口称赞一个断臂将军,顿生妒意,心想,不就是造了一座桥吗,我有的是财富,在菜市河上造三座桥,看谁斗得过谁。于是,官府抓丁拉夫,摊派徭役,弄得民怨沸腾。

几个月后,三座桥造好了,一座比一座气派,下属询问给桥取什么名字,秦桧得意地说,就叫斗富一桥、斗富二桥和斗富三桥。这三座桥外观确实胜过安乐桥,可是没过多久就石板塌陷,护栏破损,一看便知是"豆腐渣工程"。原来,工匠们都痛恨秦桧的奸诈为人,造桥时有意偷工减料,敷衍对付,难怪这三座桥又被人们叫作"豆腐桥"了。

就这样，东河上的这几座桥因为故事而有名，它们所处之地也因桥而得名。现在，人们说到这些桥，实际上指的是桥所在的街巷了。

斗富一桥东起建国南路，西折北至河坊街。南宋绍兴三十二年（1162），宋高宗赵构在这一带建德寿宫，填埋菜市河南端，河道至此而断，这里故称断河头，又叫旱河头。斗富一桥后来名存实亡，旧时有民谣流传：

一桥二桥水不流，三桥桥畔多泊舟。
侬情常如江上水，愿郎弗住断河头。

2002年，河坊街扩建，向东延伸至江城路，并将过去填埋的东河南端与中河沟通，河上新建一座石砌拱桥，昔日的断河头已经不再"断头"。

斗富二桥位于斗富一桥北侧，东起姚园寺巷，西至直吉祥巷。南宋建都杭州，市民增至百万，每天需三千多石粮食。粮商用舟船经东河运粮到斗富二桥，桥边开有几十家米铺，店家提供米袋，并有脚夫相帮运送，买卖公平方便，斗富二桥成为米市集散中心，故又称米市桥。

如今，原先的石拱桥已改建成钢筋混凝土平桥，米市也早就消隐在远去的历史中。那条名叫斗富二桥的小街还在，从小街两边的二层木结构房屋前走过，不知是否会有人想起当年米市的繁盛情景？

斗富三桥位于斗富二桥北侧，东起建国南路，西至城头巷，与梅花碑相接。该桥毗邻德寿宫的五柳园，又叫五柳园桥。南宋时，这里还有寿慈宫营，先后住过几

斗富二桥的旧貌新颜（上：20世纪90年代　下：2020年）

位太上皇后和皇太后，百姓便把这里叫作老儿营，民间有诗相传：

三桥河埠水偏清，越角吴根管送迎。
风里但劳游客榜，烟中谁觅老儿营。

斗富三桥的北侧，就是那座安乐桥，它东起建国南路，西接五柳巷，毗邻板儿巷。这一带曾建有景隆观、金刚寺、

灵顺宫和安乐园,后人写诗这样描述:

> 道院仙宫常补葺,金刚灵顺迹犹存。
> 版儿巷口河桥路,苍莽难寻安乐园。

今天,我们已难觅安乐园的踪迹,原先的安乐桥现已改为钢筋混凝土平桥,成为西湖大道东段的一部分。

关于安乐桥和斗富桥的故事,多少年来有许多不同版本,而产生这些故事的古桥所承载的世道人心,则是泾渭分明、古今相同的。

延伸足迹:五柳巷

五柳巷:东南通斗富三桥,北抵毛竹弄,东北出安乐桥,西为城头巷。宋时有五柳园,一名西园,巷为其遗址。

——钟毓龙《说杭州》

斗富三桥附近有一条小巷,叫五柳巷,它的南端连接斗富三桥,北端通往城头巷。南宋时,这里毗邻宋高宗赵构颐享天年的德寿宫,建有东御园(即富景园),依傍东河还有一个西园,园门前栽有五棵柳树,故叫五柳园,住在德寿宫的南宋皇室人员常来这里游览赏景。

到了清代,五柳园被称为杭城的第一名园,园内花草茂盛,景色宜人,人们坐车、乘舟或步行,到昔日的皇室御园赏花观鸟,饮酒品茶。后来,五柳园荒废,日渐冷清。清光绪三十三年(1907),沪杭铁路建成后在临近的清泰门设立车站,车来人往,这里搬入很多住家,民宅密集,形成巷弄,就叫五柳巷。

五柳巷的旧貌新颜（左：20世纪末　右：21世纪初）

　　现在，五柳园已成昨日风景，五柳巷还留有很多民国时期的房屋。这条东河边的老巷是杭州主城区最后被改造的街巷之一。2014年，五柳巷与周边的斗富三桥、城头巷、四维里等一起被定为历史文化街区，并修缮一新，民居白墙黑瓦，深巷石板铺地，重现江南市井风情。

禅寺夜闻潮鸣声——潮鸣寺巷

潮鸣寺：在庆春门北之潮鸣寺巷，五代梁时所建。传宋高宗赵构为金兵所逐，南渡来杭，暂驻此寺，惊魂未定。夜闻钱江怒潮之声，以为金兵至，大骇。此为寺名潮鸣之由来。

——钟毓龙《说杭州》

    杭州的很多巷弄是以寺庙命名的，例如祖庙巷、助圣庙巷、觉苑寺巷、定香寺巷、比胜庙巷、长明寺巷、九刀庙巷、青莲寺巷等，可见当年杭城香火之旺，佛事之盛。这些巷弄为后人留下的很多故事，就像历史长河溅起的点点水珠，浸润着这座历史名城的深厚文脉。

    杭州下城区有一条潮鸣寺巷，东端连接醋坊巷，西端通往建国北路，它就是一条有故事的小巷。

    五代后梁贞明元年（915），吴越国王钱镠在此修建寺庙，取名归德院。那时，这一带地处庆春门外，临近钱塘江畔，地偏人稀，伴随潮涨潮落，只闻庙里和尚敲打木鱼、捻珠诵经之声。

    到了北宋末年，金兵侵占中原，宋徽宗赵佶和宋钦宗赵桓成为金朝的阶下之囚。康王赵构逃到商丘称帝，后来逃到扬州，原想在这里苟且偷安。金兵穷追不舍，

潮鸣寺巷的旧貌新颜（上：20 世纪 90 年代　下：2020 年）

南宋建炎三年（1129），十万金骑攻破扬州城，赵构只得渡江南逃，来到杭州（后升为临安府）东郊。这时，天色已暗，人困马乏，忽然前面有烛火闪亮，近前一看，原来到了归德院，便决定投宿庙里。寺庙住持忙吩咐僧人烧水煮饭，腾屋铺床，安顿赵构一行休息。

半夜里，赵构入梦正酣，忽然传来惊心动魄的隆隆声响，就像战鼓齐鸣，万马奔腾，他急忙起身走出庙门一看，茫茫夜色中，只见重重黑影以雷霆万钧之势迎面扑来。赵构和随从大惊失色，以为金兵大队人马杀将过来，慌忙逃出归德院。

夜色下，赵构与部下慌不择路，拼命往南逃去，经过一座石桥时，已是气喘吁吁，实在跑不动了，只得在桥上休息。这时却没有了隆隆声响，抬头环顾周围，只见星光闪烁，万籁俱寂，不见一个金兵的影子。正在困惑不解时，探路的随从回来禀报，原来是钱塘江的晚潮上涨，后浪推拥前浪，惊涛拍岸，震耳欲聋，就像千军万马奔腾而来。赵构这才回过神来，看来是虚惊一场，于是和随行人员原路返回归德院。

第二天，赵构一觉醒来，已是天色大亮。为了感谢归德院在危难时刻相助，赵构赐给寺院一块匾，住持请他题写匾额。赵构握笔蘸墨，想起昨夜潮声惊梦，感慨万千，便在匾额上题写"潮鸣"二字，还乘兴抄录苏东坡的一首诗作：

野水参差落涨痕，疏林欹倒出霜根。
扁舟一棹向何处？家在江南黄叶村。

不知是无意笔误，还是有心为之，赵构把原诗第一句中的"野水"写成了"野寺"，想必这样措辞是因触景生情，更合当时的境遇吧。后来，人们就把归德院改名潮鸣寺，这一带就叫潮鸣寺巷，"潮鸣梵唱"景观便成为"东园十景"之一。

南宋绍兴八年（1138），赵构定都临安（今浙江杭州），他为潮鸣寺留下的御笔自然成了宝贝，寺僧把皇上所录的苏东坡一诗刻成石碑立于寺院东庑中。几个世纪后，清代人士穆彰阿写了《潮鸣寺》一诗，便是由此引发的一段"岁月随想"——

> 寿皇当日听潮处,曾写坡公七字诗。
> 今日斜阳冷钟梵,更无人能话残碑。

　　除了匾额和残碑,潮鸣寺所藏宝贝还有不少。寺内曾经收藏宋朝名士张樗寮的手书《华严经》多卷,传说他是天上的水星下凡人间,所写书卷能避火患。还有明朝宣德年间的画家戴文进绘制的十三幅佛家画像,戴文进遭到陷害逃亡外地,就把画作藏于潮鸣寺,成为镇寺之宝,清末名士丁丙等人为保存这些作品,募集资金加以装裱。真可谓野寺藏宝贝,庙小文物多,可惜世事难料,这些藏品都已不知去向。

　　朝代更替,潮鸣寺几度毁于大火,多次重建,最终湮没于历史风雨之中。随着江岸的不断延伸,这一带早就不闻钱塘潮声。潮鸣寺在20世纪50年代改建为潮鸣寺巷小学。现在的潮鸣寺巷已是成片的住宅小区,人们只能从巷口的石碑上读到它的趣闻逸事了。

延伸足迹:回龙庙前

　　回龙庙前:南起潮鸣寺巷接醋坊巷,北至游泳巷东连刀茅巷。……《西湖游览志》卷十八:"潮鸣寺……初名归德院,高宗南渡,驻跸寺中",赐今名。"寺北有回龙桥",即高宗闻潮回驾处。后建回龙庙。地以庙名。

　　——杭州市地名委员会办公室编《杭州市地名志》

　　潮鸣寺巷的东端和一条小巷相接,这条小巷叫回龙庙前,它的南段始于潮鸣寺巷,北端通往游泳巷。800多年以前的一个夜晚,这里同样留下了宋高宗赵构的足迹。

　　前面说到赵构被金兵追赶,暂宿于潮鸣寺,半夜被钱塘江潮惊醒,以为金兵追至,慌忙往南逃去,一路马不停蹄,来到一座石桥前,感觉似曾来过,仔细一看,原来正是昨夜从这里转身折返潮鸣寺的石桥。再次走过这座石桥,赵构心里真是五味杂陈:他或许想到大宋王朝的一度昌盛,自己的一路溃逃;或许想到宋朝军队如

回龙庙前的旧貌新颜(上:20世纪90年代　下:2020年)

能像钱江大潮一样势不可当,何愁不能击退金兵收复故土呢?远处,繁华的临安城已经在望,自己能在那里延续大宋的基业吗?

后来,人们把赵构掉头返回的那座石桥叫作回龙桥,还在桥边建了土地庙,取名回龙庙。杭州于是又多了一条以庙命名的小巷,它的南端始于醋坊巷,北端连接游泳巷和刀茅巷,这里因此成为"东园十景"的其中一景,取名"回龙辇草"。

醋坊巷

  醋坊巷:南起庆春路东段,北至潮鸣寺巷接回龙庙前。……宋时有醋库十二,此地为其中之一,故名醋坊巷。
  ——杭州市地名委员会办公室编《杭州市地名志》

沿着潮鸣寺巷往东走,有一条与之相交的小巷,叫醋坊巷。它的南端通往庆春路,北端连接回龙庙前巷,中间有三条平行的支巷,分别叫醋坊一弄、二弄、三弄。

南宋初年,赵构在南京应天府(今河南商丘)即位,不久金兵占领中原,半壁河山已破,只得一路南逃,辗转各地,最终在临安(今浙江杭州)定都。北方的百姓和皇室权贵纷纷涌入杭州,城市人口剧增。

赵构在杭州坐稳皇位后,和朝廷百官沉迷于游山玩水、歌舞升平之中。对此,南宋诗人林升在《题临安邸》一诗中作了生动的讽喻:

  山外青山楼外楼,西湖歌舞几时休?
  暖风熏得游人醉,直把杭州作汴州。

20世纪90年代的醋坊巷

在这样的暖风熏陶下,酒楼饭馆生意兴隆。食醋可以助兴调味,还有消毒保健的功效,市场需求自然旺盛,一些头脑活络的商人乘机控制货源,抬高价格,当时民间流行两句话:"欲得官,杀人放火受招安;欲得富,赶着行在("行在"又称行都,即都城临安)发酒醋。"官府为了统一管理醋业市场,在城里设立十二个醋库,由官库酿制储存食醋,其中一个醋库就设在这里,小巷因此得名。

醋坊巷里住的多是贫苦百姓,有人开了很多织机作坊。小巷和潮鸣寺巷之间原先有一个湖荡,很多女人在湖荡边漂洗茧丝,碰到冰雪天气,就把冰层敲开,双手冻得通红。巷子里还有一个红亭,傍晚闲时,常有一些女子聚在这里唠家常、诉苦情,"红亭夕照"便成为"东园十景"之一。

醋坊巷里还有一个显真道院,建于南宋建炎三年(1129)。明景泰八年(1457),于谦被诬谋逆罪入狱,传说他解下自己身上围的周长四尺、嵌有碧玉的玉带,托人交给道院保管（于谦年轻时曾在道院的后楼读书）。道院内还藏有清朝雍正年间大将军年羹尧被贬杭州管太平门时遗留的铁枪两支。清咸丰十一年（1861），道院毁于兵乱，玉带和铁枪均不知去向。

如今，"红亭夕照"已是昨日风景，醋坊巷也成为宽街阔路，却仍然保留着原先的叫法。人们看到这个巷名，就会想到这里曾经是一个与食醋密切相关的地方。

冬暖夏凉缸甏屋——缸甏弄

缸甏弄：东起建国北路南段，西至东河边。……旧时从宜兴运杭之缸甏在此设栈，故称缸甏弄。

——杭州市地名委员会办公室编：《杭州市地名志》

潮鸣寺巷的西端巷口，隔着建国北路，斜对面有一条小巷，叫缸甏弄，它的东端连接建国北路，西端通到东河。这里位于菜市桥和太平桥之间，水路方便，商贩用船将江苏宜兴出产的缸甏经东河运到杭城，在此泊岸设栈。这里成为缸甏交易转运的集散地，缸甏弄由此得名。

缸和甏是南方人家常用的生活盛器，用陶土烧制，涂上暗黄或酱红色的釉，大的叫缸，小的叫甏，几乎家家都有，有的用来蓄积雨水，有的用来酿制酒醋，有的用来腌泡咸菜，也有的在里面放上石灰存放茶叶等干货，可见缸甏与市民生活关系密切。杭州民间有"八个甏儿七个盖"的说法，形容七颠八倒，顾此失彼，不会过日子。

传说很早以前有个姓王的生意人，在东河边专做缸甏买卖，他有一个雇工叫石雄，白天干活，晚上看管缸甏。石雄和妻子来自诸暨，勤劳憨厚，干活卖力，王老板却为人苛刻吝啬，常克扣工钱，还不给他们安排住宿。夫妇俩只得蜷缩在缸甏的夹缝中过夜，冬天寒风呼啸，他们冻得瑟瑟发抖，爬进大缸里，铺一些稻草，就这样熬过腊月寒冬。

  缸甏是易碎品,把船上的缸甏抬到岸上,必须小心翼翼,不能磕碰,把它们一只只依墙叠立就更难了,成百上千只缸甏堆得有两层楼高,如果一只摆放不稳掉下来,会接连滚落一地,摔成碎片,夫妇两人的工钱就会全被扣光,还要倒赔。有的缸甏虽有裂缝或碰掉一块,还可以修补再用。这是个力气活,也是个技术活,好在石雄是个能工巧匠,加上吃苦耐劳,总算勉强生存下来。

  后来,老婆怀孕了,石雄犯了愁,总不能让妻子在露天生下孩子吧。他看到堆放在角落的缸甏碎片,这些都是商家顾客丢弃不要的,心想:何不用这些材料盖一

20世纪90年代的缸甏弄

间屋子呢？说干就干，他把残破不全的缸甏叠成一排，用泥灰砌成墙，再把稻草盖在上面当屋顶，一间缸甏草屋就搭好了。

不久，缸甏草屋里传来哇哇的哭声，孩子出生了，石雄给孩子取名"甏生"。孩子长大后继承父业，后来自己开了缸甏店，生意不错，在东街路很有名气。石雄夫妇用缸甏砌墙造房的事情传到他们的家乡诸暨，那里的人们也仿效起来。直到20世纪50年代，在诸暨的利浦溪、下新屋一带还能看到这样的缸甏草屋，当地人说这种屋子可以废物利用，而且冬暖夏凉，中空的缸甏当墙，隔音效果也好。

如今，东河两岸高楼林立，家家户户已不见缸甏的踪影。作为与百姓生活密切相关的物件，缸甏见证了一个城市的历史变迁，也为这个城市留下了芸芸众生的故事。

延伸足迹：瓦子巷

> 瓦子巷：北通菜市桥街，东出普安桥，为南宋菜市桥瓦子所在。
> ——钟毓龙《说杭州》

沿着东河向南走不远，就到了菜市桥，这座桥的南侧有一条小巷叫瓦子巷，东端连接建国中路，西端通到菜市桥南河下。小巷取名"瓦子"，可别望文生义，以为它和盖房子的瓦片有关。

古代把众人聚集的娱乐场所叫瓦子，之所以这样叫，是以"来时瓦合，去时瓦解"作比，即聚散自由的意思。旧时瓦子巷有很多这样的娱乐场所，小巷由此得名，因位于菜市桥，所以也叫菜市瓦子。

穿行在这条小巷里，今天的人们很难想象几百年前，杭州市民在这里搭台唱戏是怎样的热闹情景，其中有一出戏更是吸引了无数观众。

唐代时，洛阳总管李世杰有个女儿叫李千金，年方十八，姿容美丽。一天，李千金在后院赏春，工部尚书裴行俭的儿子裴少俊骑马路过，两人隔墙相遇，一见钟情，约定月上柳梢时在后院相见。夜晚，两人在后院约会，被家人发现，裴少俊带李千金逃回自己家中，将她藏在后花园隐居七年。裴行俭发现后，怒骂李千金败坏儿子的前程。李千金辩称两人是天赐姻缘，裴行俭叫她把玉簪磨成针，如果没有折断，就同意这桩婚姻，李千金只得从命，快要将玉簪磨成细针时却断成两截。裴行俭又用细线系住一个银壶，要李千金用它到井里打水，如果线不断，就认她为儿媳，结果线断壶沉。裴行俭认为这是天意，责令儿子赶走了李千金。

20世纪90年代的瓦子巷

后来，裴少俊考中状元，当上洛阳县尹，找到李千金与之相认，裴行俭也前来认错，夫妻终于团圆。

这就是元代著名杂剧《墙头马上》讲述的故事，也是杭州的瓦子里常演不衰的剧目之一。

宋代经济繁荣，市民阶层对闲暇娱乐的需求增加。到了南宋，作为都城的杭州，娱乐业更加繁荣，共有大小不下17家瓦子，名气较大的有市西坊三桥巷的大瓦子（又叫上瓦子）、市南坊三元楼的中瓦子、众安桥的北瓦子（又叫下瓦子）、盐桥的东瓦子、清冷桥的南瓦子、章家桥的荐桥门瓦子等，数量和规模都超过北宋都城汴京。菜市桥畔的瓦子巷也是灯红酒绿的场所，和街北的花灯巷成为"东园十景"之一，这就是"花灯弦管"。清代陈春晓在《花灯弦管》中这样写道：

街分南北踏灯行，彻夜笙歌沸旧城。
楼阁参差花十里，鱼龙变幻月三更。
两行火树鳌山叠，一曲云璈凤管鸣。
曾是昔年歌舞地，繁华销歇梦难成。

瓦子里的表演丰富多彩，有说书、歌舞、杂技、戏剧和皮影戏等，并有酒肆茶楼招徕顾客，所以这些场所又叫瓦肆、瓦舍或瓦市，成为市民汇聚、游客云集之地，从平民百姓，到达官富商，甚至皇亲国戚都常来光顾。瓦子里用栏杆分隔成多个场地，这些场地叫勾栏，也叫钩栏或勾阑，可以同时表演节目，例如众安桥的北瓦子就有13个勾栏。

在这些瓦子里，还有一种杭州百姓喜闻乐见的表演，表演者一个人站在一张木凳上敲着铜锣，用杭州方言边说边唱，采用民间小调，歌词通俗风趣，连带推销东西。

这种说唱艺术叫"小热昏"（意思是热昏了头的人在说滑稽有趣的话），老底子在杭城的街头巷尾常看到小贩唱着小热昏卖梨膏糖，现在还可在杭州传统曲艺节目里看到这样的表演，它被列入国家级非物质文化遗产名录和浙江省民族民间艺术保护名录。

今天，杭州的娱乐场所不再叫瓦子，瓦子巷也早已不存，而民间传统艺术仍然焕发着勃勃生机，就像菜市桥下的河水，润泽两岸，长流不断。

草鞋换得感恩桥——骆驼桥河下

> 骆驼桥：汇东园诸沟渠水，穿艮山门内直街，西出菜市河，桥跨直街上。
>
> ——丁丙《武林坊巷志》

　　经过体育场路和建国北路的交叉口，沿建国北路往北走不多远，路两边各有一条小巷，东边的小巷叫骆驼桥东河下，西边的小巷叫骆驼桥西河下。街巷以桥取名并不奇怪，可骆驼号称"沙漠之舟"，江南水乡的桥与骆驼又有何关系呢？

　　原来，在南宋时，杭州庆春门外的东园一带，地势低洼，湖荡连着湖荡，人称"七十二荡"。江南多雨，湖荡里的水经常满溢，汇聚成河，顺着地势流入东河，从这里进出艮山门的行人，都要经过一座石桥过渡到对岸，人们便叫它落渡桥，后因发音相近，就改叫骆驼桥了。

　　这座桥是谁造的呢？这就引出一个有趣的故事。

　　很早以前，东园住着一个名叫陆大的男子，从小父母双亡，靠邻里乡亲接济长大。陆大是个心地善良、懂得感恩的人，常帮老弱邻里到河埠头挑水，从来不要报酬。让人好奇不解的是，陆大每次挑着满满两桶水吃力地行走时，嘴里不停地念着"阿弥陀佛"。他脚上的草鞋穿

20世纪90年代的骆驼桥东河下与西河下

破了也舍不得扔掉,洗干净晾干放在箩筐里。每年黄梅天一过,邻居们把箱柜里的衣物拿到太阳下晒掉潮气,他也从破草棚里端出几筐东西来晒,里面都是穿破的草鞋。

陆大看到河上没有桥,人们过河十分不便,就想要为大家造一座石桥。很多人嘲笑他自不量力,白日做梦。

一天,一个和尚经过这里,看到陆大为邻居挑水,口中念念有词,就问他为何走一步念一声佛,陆大答道:"师父,我从小孤苦伶仃,全靠乡亲救助才长大成人,我想造一座桥回报大家,苦于没钱,只能祈求老天,我相信心诚则灵,菩萨会帮我的。"和尚深受感动,拿起箩筐里的破草鞋仔细地看着,然后悄悄告诉陆大一个办法。

过了几天,有几个人来找陆大,说是杭州府台大人派来的差丁,要买他的破草鞋。陆大不知官府搞什么名堂,说道:"府台大人真想买我的草鞋,就让他自己过来。"差丁只好回去禀报。第二天,一群人抬着一顶轿子来了,从轿子里走出来的正是府台大人，说要买下陆大穿破的全部草鞋。陆大和邻里都感到奇怪，破草鞋怎么成了值钱的东西呢？

原来，府台大人在杭州做官，衣食不愁，想尽孝道，就把年迈的母亲从乡下接到杭州来过好日子。不料，母亲水土不服，皮肤过敏，奇痒难忍，连呼吸都感到困难，府台大人请了很多郎中，都诊断不出是什么病。眼见老母的病情越来越重，这时差丁说门口有个和尚求见。府台大人哪有心思对付和尚，就令人打发他走，差丁说，和尚说能治好老太太的病，于是将信将疑地让他进了门。

和尚来到老人床前，不问病情，也不把脉，就开出一个方子：找几筐穿过的草鞋，用火点着熏一下房间，去除晦气，病就会好的。府台大人犯愁了：一时到哪里去找这么多穿过的草鞋呢？和尚说，陆大家里就有，向他去买即可。

府台大人于是亲自来找陆大买草鞋，说不管什么价钱都同意。一心想造桥的陆大脱口而出："我的草鞋可以卖给你，钱不用多，只要够造一座桥就可以了。"府台大人面露惊愕神色，心想这可不是一笔小钱，无奈救母心切，只好答应。但他不相信这些破草鞋能治好母亲的病，就对陆大说，我先把草鞋拿去，等治好了母亲的病再付钱。陆大怕府台大人反悔赖账，一定要先造桥再给草鞋。就在两人争执不下时，那个和尚又来了，说道："这好办，造桥和治病同时进行，如果桥造得越快，病也就好得越快。"府台大人想想也是，就同意了；陆大觉得毕竟治病救人要紧，也答应了。

差丁将一筐筐破草鞋搬到府台，和尚在老太太的屋子里燃起香烛，点着草鞋，屋里烟雾弥漫，烧了一天一夜，然后打开门窗。过了几日,老太太的身体果然康复了。原来,府台大人重新装修了母亲的房间,还把家具油漆一遍,怕母亲受寒着凉,平日紧闭窗户,老母亲得的是油漆过敏症,让屋子通风,散尽油漆气味,老人的病自然就好了。

与此同时,府台大人调拨银两,安排劳力,运来石料,并亲自到现场监督,日夜开工。不久,一座坚固美观的石桥就造好了。

从此,人们就可方便地进出艮山门,再也不必为蹚水过河发愁。大家都感谢陆大,就把桥取名陆大桥,口口相传,因为发音相近,后来就叫骆驼桥了。

从元代开始,杭州城区向外扩展,这一带的居民逐渐增多,他们填平湖荡作为菜地。到了明代中期,河床因泥沙不断堆积而干涸,骆驼桥下已不见流水,骆驼桥也不再具有"过渡"的功能,而是成为一个地域分界,桥两边的区域分别叫作骆驼桥东河下和骆驼桥西河下。

草鞋换得石桥,陆大是为便民,府台则为救母,同出报答之心,一座骆驼桥可以成为感恩教育的生动教材。

延伸足迹:羊千弄

羊千弄:北通头营巷,南穿莫衙营出体育场路。
——钟毓龙《说杭州》

在骆驼桥东河下的东侧,有一条小巷叫羊千弄,它的南端与骆驼桥东河下相接,北端通往头营巷。南宋时这里曾建富景园,养羊数千,民间后来就把这里叫作羊千弄。

南宋在杭州建都后，为防御金兵从北面来袭，在北边城门艮山门驻扎兵营，所以附近巷弄的名称多带有"营"字，例如头营巷、莫衙营和陈衙营。

军营周围长满野草，附近的百姓在这里牧羊，把羊肉卖给军营里的官兵，以此为生。其中一户贫苦人家只有母子二人，靠养羊相依为命。儿子杨遇生性粗蛮强悍，让60多岁的老母在荒野里割草牧羊，自己却好逸恶劳，终日赌钱酗酒。母亲疼爱儿子，从不抱怨，而是默默承受一切。有一次，杨遇喝醉酒跟人斗殴，被人打断腿骨扔进水塘，眼看快要淹死，母亲不顾一切地跳进水塘，拼尽全力把儿子救上了岸。

杨遇不知感恩，仍旧好吃懒做。一天，他晒着太阳无所事事，看到一只小羊羔双腿跪地，匍匐在母羊身下吮吸乳汁。杨遇不解地问母亲，小羊为什么要跪在母羊面前吃奶，母亲没有回答，而是泣不成声。邻居家一个姓张的妇女实在看不下去，对杨遇气愤地骂道："小羊跪着吃奶是为了感激妈妈的哺乳之恩，连小羊都懂得孝顺，你对自己母亲这样无情无义，真是连畜生都不如啊！"

20世纪90年代的羊千弄

说完，举起鞭子朝杨遇打来。杨遇拖着受伤的腿躲闪不及，鞭子落在儿子身上，疼在母亲心里，杨母急忙以身相护，母子紧紧抱在一起。

面对小羊跪乳和慈母护儿的举动，杨遇终于悔恨交加，决心痛改前非。他从此孝敬老母，辛勤劳作，养了上千只羊，家境渐渐好转，过上安定的生活。这个浪子回头的故事在邻里之间传为佳话，人们把这个地方叫作羊千弄，还有人就叫它至孝弄。

传世珍宝一捧雪——莫衙营

莫衙营：西出东街，东折北通头营巷。明时有名士莫云卿居此，故名。

——钟毓龙《说杭州》

  骆驼桥西河下隔着建国北路（即东街），对面有一条小巷叫莫衙营，它的西端始于建国北路，东端往北通往头营巷。之所以叫莫衙营，是和两户姓莫的人家有关。

  明朝嘉靖年间，有个叫莫怀古的官员喜欢收藏名画古玩，其中有个叫"一捧雪"的玉杯堪称绝品。这个玉杯用新疆和田玉雕琢，晶莹剔透，造型奇特，形状如五瓣梅花盛开，杯底琢一花蕊，杯身环绕梅枝，上缀十七朵梅花。更为神奇的是，手捧玉杯，斟入酒后，便会光影浮动，如雪花飘舞，所以叫它"一捧雪"。据说，用此杯饮水不仅赏心悦目，还可驱邪除病。

  有个字画匠叫汤勤，穷困潦倒，莫怀古的管家莫成将他带回莫府，让他替主人裱糊字画。莫怀古见汤勤衣衫褴褛，又冷又饿，就让莫成用桌上那个玉杯盛点酒给汤勤喝，暖暖身体。汤勤捧着玉杯，只见一片片晶莹的雪花在杯中飘飞舞动，知道这是一件稀世珍宝，莫成嘱咐他千万不可对人说见过此杯。

过了一年，莫怀古将汤勤介绍给同样喜欢收藏古玩的内阁首辅严嵩做门客，汤勤为巴结讨好严嵩，对他说莫家藏有"一捧雪"玉杯。严嵩垂涎三尺，命儿子严世蕃到莫府索要"一捧雪"。莫怀古岂肯舍得，说："玉杯乃先人遗物，容我择吉日祭奠列祖列宗之后，再送严府。"

打发走严世蕃后，莫怀古知道难逃一劫，就让莫成将一个玉杯赝品交给严嵩，自己带着玉杯和家小连夜逃出京城。严嵩拿到玉杯正在得意，却听汤勤说是赝品，大怒，令人包围莫府搜寻玉杯和莫怀古，但已不见踪影。严嵩向皇上诬告莫怀古，朝廷派人四处追捕，终于在蓟州将莫怀古抓获，命蓟州总镇戚继光将其处死。戚继光与莫怀古是好友，不忍下手，莫府管家莫成甘愿替主人赴死，莫怀古得以逃脱。戚继光将莫成的人头送到京城，不料又被汤勤识破，戚继光因此被锦衣卫拘捕。

莫怀古带着"一捧雪"东躲西藏，最后在河南新野县隐居下来，为避追杀，改姓为李。后代子孙就将"莫李"作为姓氏，世代守护玉杯，每逢大年初一祭祖时，都要供奉"一捧雪"告慰先祖。

这是明末清初戏剧家李玉所著话本《一捧雪传奇》中的故事情节。主人公取名莫怀古，是想通过莫怀古收藏古玩竟落得丢官改姓、家破人亡的经历，告诫人们，世事莫测，莫要收藏古玩。莫氏家人因收藏古玩而遭厄运，但他们不畏权贵、历经艰辛保全珍宝的作为让人感佩不已。

其实，"一捧雪"确有其宝，藏宝者也真有其人，只是不叫莫怀古，真名叫王世贞。这个传奇故事在《明史》

20 世纪 90 年代的莫衙营

《张汉儒疏稿》《新野县志》中均有记载，还被改编成京剧《一捧雪》，马连良、梅兰芳、程砚秋和张君秋等京剧名角都出演过这个传统剧目。

王世贞（1526—1590），江苏太仓人。明嘉靖二十六年（1547）考中进士，先后担任大理寺左寺、浙江左参政、山西按察使、兵部侍郎和刑部尚书等职。他精通书法，文才很高，是明代著名的文学家、史学家，与李攀龙、徐中行、梁有誉、宗臣、谢榛、吴国伦并称为明代文坛"后七子"。

历经四百多年后，传世之宝"一捧雪"经故宫博物院鉴定，被确认为明代玉器的珍品，属国家二级文物。故事的主人公当年住过的小巷，就留下了莫衙营的名字，还有一同流传下来的"一捧雪"的故事。

如果说，莫怀古与莫衙营的关系带有文学创作的成分，那么，另一个姓莫的人确实在莫衙营住过，他就是明代著名书法家莫云卿。

莫云卿（1537—1588），原名莫是龙，出身书香门第，酷爱书法，看到书法大师米芾的石刻真迹"云卿"二字，便把它作为自己的字，故又名莫云卿。他的父亲莫如忠曾任浙江布政使，写得一手好字，尤擅草书。莫云卿从小耳濡目染，8岁出口成诵，10岁落笔成文，被称为"神童"。

这样的才子原本可以通过科举考试走上仕途，不料考运不济，莫云卿四次赴京赶考都榜上无名。莫云卿从此告别考场，不再求取功名。人生的挫折没有让他自暴自弃，反而更感读书的乐趣，他认为"人生最乐事，无如寒夜读书，拥炉秉烛，兀然孤寂清思"，于是，在"不见县官面目，躬亲农圃之役"的生活中自得其乐。他寄情山水，与同道结社吟诗作画，倾半生精力潜心书法，兼学各家之长，尤其钟爱王羲之、王献之、米芾、苏东坡的笔法，自认"余生平雅好书画，壮年精力半疲于此，虽未便诸古人，然当其得趣"。

功夫不负有心人，莫云卿终于成为著名书法家。小楷精致俊秀，行草飘逸豪放，其墨迹被世人当作书法典范临摹学习，故宫博物院也收藏有他的作品。

莫云卿的成才经历是"高考落榜自有路"的古代版，时过境迁，对今天"不拘一格降人才"同样具有现实意义。

延伸足迹：永康巷

永康巷：西起建国北路北段，东折南连莫衙营。
——杭州市地名委员会办公室编《杭州市地名志》

羊千弄的西侧有一条小巷与之相交，叫永康巷，它的东端始于羊千弄，西端连接建国北路。

相传赵构从北方逃到杭州城郊，已是人困马乏，为躲避金兵追赶，慌不择路，看到一户农家的羊圈，顾不得体面就一头钻了进去，躲在里面大气都不敢出。

过了不久，蜷缩在又脏又臭的羊圈里的赵构听到有人走过来，吓得心惊肉跳。羊圈的门打开后，进来的是一个农妇。农妇看见这个狼狈不堪的陌生人也吓了一跳，

永康巷的旧貌新颜（上：20世纪90年代　下：2020年）

猜到一定是被金兵追赶的人，就轻轻带上门出去了。过了一会儿，农妇端来冒着热气的饭菜，吃惯山珍海味的赵构早已饥肠辘辘，虽然是普通的农家饭菜，却吃得津津有味。在这个农妇的帮助下，落难皇帝再次渡过难关。

后来，坐稳皇帝宝座的赵构没有忘记在羊圈里避难的经历，为了感谢这个农妇的救命之恩，下旨免除当地百姓的劳役赋税，并给该地赐名"永康"。

如今，这一带已成为永康苑小区，楼房鳞次栉比，居民生活安康。农妇救赵构的故事毕竟只是传说，这个故事和羊千弄浪子回头的故事流传至今，是因为人们想要代代传承一种东西，这就是注重情义，学会感恩。无论是平民百姓，还是达官显贵，这都是应有的做人之道。

剑胆诗心东园情——刀茅巷

> 刀茅巷：北抵体育场路口，南出庆春门直街。《成化志》称新开路旧麻柴巷。……田氏《西湖游览志》亦称新开路旧名麻柴巷，又名刀茅巷，茅殆由麻而来。
>
> ——钟毓龙《说杭州》

杭州城东有一条很长的小巷，叫刀茅巷，南端始于庆春路，北端连接体育场路。它的南段为上刀茅巷，北段为下刀茅巷。几百年前，这里可是杭城的"军工厂"所在地。

南宋初年，金兵不断进犯中原，百姓纷纷从北方逃往江南，其中有一些打铁匠来到杭州，在城东的麻柴巷开铁匠铺，靠打造生活用具谋生。他们在逃难途中看到金兵烧杀抢掠和宋军武器短缺的情景，有人倡议打造长矛短剑，为抗金军队提供兵器，尽早收复家园。倡议激起众人的家国情怀，一呼百应，大家推出首领，马上行动，小巷里打铁声声，磨刀霍霍。

铁匠们打造兵器的消息传到朝廷后，秦桧妄图阻止他们的爱国行动，对宋高宗赵构说，百姓在私造兵器图谋造反。赵构信以为真，下令把铁匠首领抓了起来。这下激起民愤，人们聚集在官府前要求释放铁匠首领，还有人头顶状纸跪在门前，人群越聚越多，抗议呼声不断高涨。赵构好不容易在杭州坐稳皇位，时时担心外敌南侵，害怕再生内乱，又听打探回来的人说，铁匠打造刀剑是为抗击金兵，于是想平息事态，笼络民心，只好放了铁匠首领。

从这以后，小巷里铁匠铺越开越多，整日炉火熊熊，叮当作响，各路抗金义军都到这里购买刀剑，就把麻柴巷改叫刀矛巷，后来人烟渐稀，茅草丛生，所以又叫成了刀茅巷。清代文人曾这样写道："茅柴闭幽巷，巫医隐词客。"

刀茅巷本是制作短刀长矛之地，何来舞文弄墨的"词客"呢？

原来，在宋代时，刀茅巷的北端有一个御园，位于城东，所以叫东园，由此生出一条东园巷，即现在的东园街，与刀茅巷相交。元代末年，杭城东扩，这里临近城墙，城外是护城河（即城河，又叫贴沙河），城内有与城墙平行的道路，叫东街路（今建国北路）。城墙与东街路之间有很多水荡、菜地和庵庙，居民以种菜养蚕、织锦纺丝为生。民间传说东园有三多，即水荡多，尼姑庵多，机坊多，还有"东园七十二荡、七十二庵"的说法。对此，古人在诗里写得十分生动：

城曲东园里，庵多俗舍稀。
地宽都种菜，巷隘总鸣机。
野雀窥僧饭，村犬吠客衣。
隔廛无半里，风景已全非。

东园远离闹市，环境僻静，村道蜿蜒，水塘垂柳，别有一番风景，常有文人学士在此观荷赏菊，吟诗作词，发思古之幽情，书声琅琅，机杼声声，于是便有"东园十景"

之一的"云锦机声"。有一首古诗是这样描述的：

> 东里相传俗最良，家家机杼事偏忙。
> 隔邻更有书声答，一夜长喧古锦坊。

东园的丝织业也像春蚕吐丝，绵延发展，一直延续到民国时期，这一带成为丝绸织品集散地，居民逐渐增多，东街路日益繁荣。

东园的"词客"中不乏才华横溢的作家，他们为刀茅巷增添了诗韵墨香和人文情怀。清代著名文学家袁枚曾在东园巷居住，他为官多年，无意仕途，闲居东园，把住所取名"随园"，写的《随园诗话》最为有名，散文《祭妹文》堪称佳作。另外还有一位名叫厉鹗的文人，很有才华，科举考试却未中榜，静心撰写了《宋诗纪事》和对研究杭州历史很有价值的《东城杂记》。

清代戏曲家洪昇同样与东园有缘。他也是屡试不第，创作不朽戏剧《长生殿》，讲述的是唐玄宗李隆基和杨贵妃的情感故事，一举成名，却因在孝懿皇后忌日演出《长生殿》，被革职下狱，后人叹其"可怜一曲长生殿，断送功名到白头"。"白头"的洪昇晚年重回杭州，故地重游，目睹东园织女忙碌的身影，耳闻潮鸣寺里敲响的晚钟，触景生情，写下《东园》一诗：

> 故苑景全非，闲游趣不稀。
> 鸠贪桑实醉，鼠恋豆根肥。
> 日落机丝急，风回梵磬微。
> 潮鸣留古寺，辇路草霏霏。

清朝康熙年间，有一个名叫项守约的人也在刀茅巷留下踪迹。项氏家族经营盐业，家财充盈，后代多为科

刀茅巷

举入仕。他的曾孙项廷纪是颇有名气的杭州籍词人，写词水平可与清代著名词人纳兰性德媲美，项廷纪把"不为无益之事，何以遣有涯之生"作为人生格言，对世人影响很大。

项守约人如其名，信守情义，乐做善事。有一年，杭城遭遇潮水侵袭，房屋被淹，死了很多人，他出钱帮贫穷人家修坟安葬。他精通盐业经营之道，浙江巡抚整顿盐政都要向他征询意见。可他偏偏不求名利，自号"菜园"，到城东僻静的刀茅巷隐居，引泉种树，开垦菜园，面积虽小，别有景致。尤其值得称道的是，他幼年丧父，靠母亲抚养长大，晚年一心侍奉老母。为了让老母开心，60多岁的他常身穿花衣裳，扮作孩童模样，拉着母亲的衣袖一同跳舞，可谓孝顺至极。项叟所为虽属家人娱乐，倒也不妨看作刀茅巷仗义情怀的遗风再现。

历史翻到20世纪这一页，注入现代气息的刀茅巷，依然延续着这样的情怀。1928年，法国天主教会修女郝格勒变卖家产来到中国，在这里创办仁爱医院，这就是现在的杭州市红十字会医院。红会医院把仁爱和医术带给杭州市民，从此成为杭州城东的一个地标性建筑。

延伸足迹：珠碧弄

珠碧弄：南起庆春路中段，北至回龙庙前，东连刀茅巷，西接醋坊巷。……相传清时曾有朱、毕两家相毗邻，在交界处各让三尺为弄，珠碧系谐音。
——杭州市地名委员会办公室编《杭州市地名志》

刀茅巷的西侧有一条与之平行的小巷，叫珠碧弄，这条弄堂的南端连接庆春路，北端与回龙庙前相通。

原先这一带地处东青门（即庆春门，又称菜市门）外，有很多水塘菜地。相传有姓朱和姓毕的两户人家，用种菜积攒的钱开设丝绸作坊，经商致富，想扩建宅院。破土动工时，他们发现两家新砌的墙基靠得太近，中间的弄堂变得非常狭窄，邻里难以通行。朱家和毕家经过协商，各自把墙基退后三尺，拓宽弄堂，以便大家行走。人们称赞两家的举动，把这条弄堂取名朱毕弄，后来因发音相近叫成了珠碧弄。

这让人想起发生在安徽桐城的"六尺巷"的故事。它说的是清朝康熙年间，大学士兼礼部尚书张英，他家与邻居吴家的院墙紧挨在一起，常发生纷争，两家各不相让。张家给在京城做官的张英去信，本想"借势"让吴家退让，不料张英在回信里这样写道：

千里修书只为墙，让他几尺又何妨。
长城万里今犹在，不见当年秦始皇。

20 世纪 90 年代的珠碧弄

　　家人看信后觉得有理，就把院墙向后移了三尺，吴家感动其作为，也把自家院墙向后移了三尺，六尺巷从此享誉天下。

　　2016 年春节晚会上，一位演员用歌声诠释了安徽的六尺巷："我家两堵墙，前后百米长，德义中间走，礼让站两旁。"杭州的珠碧弄也可成为古人之诗和今人之歌的生动例证。

龙潭深处藏豪门——七龙潭

七龙潭：东出海蛳沟，近太平桥，西通遥祥寺巷。原有龙王庵在东青巷内，元末毁于兵。明洪武初，传东河有黑龙见，其下成潭。僧人普光塑龙王像以镇之。

——钟毓龙《说杭州》

  杭州的东河开凿于唐代。南宋在临安（今杭州）建都时，位于东城墙外的河道成为护城河，城外菜农用船从东青门（元代改叫庆春门）运菜入城，在沿河的船埠和桥边开设菜市，所以东河也叫菜市河，庆春门内有菜市桥。到了元代，城区不断扩大，城墙东移，东河成为杭城一条南北向的主要河流，它历经数代，一直是市民的重要水源。

  明朝洪武年间，东河里的水突然发黑变臭。民间传说在东河的太平桥河段有一个深潭，直通东海，东海里有一条龙经常游到深潭兴风作浪，这条龙浑身乌黑，就像涂了很厚的黑漆，人们叫它漆龙。每到酷暑季节，漆龙受不了酷热，蹿出水面大口喘气，气泡翻腾，搅动河底污泥，使河水发黑变臭，无法饮用。更要命的是，由于环境严重污染，蚊蝇乱飞，瘟疫流行，沿岸很多居民染疾得病，不治而亡。百姓非常恐慌，在河边烧香点烛，祈求漆龙回到东海不再扰民，漆龙却变本加厉，把河水搅得更加污浊不堪，两岸居民纷纷逃离，人去屋空。

有一天，一个法号叫普光的和尚来到这里，看到民不聊生的景象，决心为民除害。他在河边立了海龙王塑像，自己端坐岸边，手捻佛珠，念经三天三夜，然后让两岸居民燃放爆竹，声音震耳欲聋，火药烟气弥漫。到了七七四十九天，只见狂风大作，暴雨倾盆，河水翻滚，风停雨止后，水面不再冒气泡了。

普光和尚对居民们说，漆龙已被赶走，要想水清如初，必须整治东河。他发动居民深挖污泥，疏浚河道，用石块砌筑堤岸，在岸边种植柳树。过了一段时间，河水终于像原先一样清澈，百姓喜笑颜开，重新回来居住，他们给这里取名黑龙潭，又叫漆龙潭，因为"漆"和"七"发音相同，后来就叫七龙潭了。

其实，东河水质变坏，是宋代以来疏于河道整治，环境污染所致。漆龙害民虽是神话传说，倒是可以做成一个动漫故事，对今天的人们进行生动的环保教育。

七龙潭的东端始于海狮沟，西端连接遥祥寺巷，长不足百米，宽约两米，算是名副其实的小弄堂。别看弄堂小，人气还是蛮旺的。

古代不像现在，有各种洗发露，而爱美之心古已有之。我国民间流行一种养发美发的方法，就是把木匠用刨刀刨出来的卷曲木花（俗称刨花），用水浸泡做成刨花水搽在头发上，可以使头发熨帖平顺、亮丽爽滑。在古代，盛放刨花水的刨花缸是民女村姑、戏子艺人乃至宫廷嫔妃梳妆台上的常见用品，也是女子结婚的陪嫁物，一些地方就有这样的民谣：

> 清早穿上新衣裳，我给姐姐送嫁妆。一送扑粉盒，二送刨花缸。

七龙潭3号梁宅　　　　　　　七龙潭

　　这种天然无毒的养发美发用品不仅为女人常用，古代男人也束发留辫，所以需求量很大。做刨花水的刨花只有做木工活时才会有，用榆树、香樟树的刨花调制的刨花水效果最好，于是就有人做起"刨花养发液"的生意，有走街串巷叫卖的，也有开店摆摊出售的。旧时的杭城有很多这样的店铺，其中要数七龙潭巷口的一家最有名气，很多市民到七龙潭这家店来买刨花水，清代丁立诚在《武林市肆吟》里这样写道：

　　　　添妆芳泽鬓堆鸦，脂粉余钱买刨花。
　　　　试向七龙潭上望，门前挑出玉春瑕。

　　一直到20世纪60年代，仍然可以在杭州城里的杂货店买到制作刨花水的干刨花。

　　七龙潭的人气旺盛，不只是民居密集，小小弄堂，300多年前，还有一位"大人物"看中这里，在此建豪宅大院，此人名叫梁肯堂。

　　梁肯堂（1717—1801），钱塘（今浙江杭州）人，家境贫寒，读书勤奋，清乾隆二十一年（1756）乡试中举担任知县，历任河南巡抚、直隶总督、刑部尚书、漕运总督等职，政绩显著，很得人心。他官至高位，廉洁奉公，五次负责治水赈灾，经手600万银两，全部用于救济灾民，自己不留分文。因辅政有功，受到乾隆皇帝和嘉庆皇帝宠幸，乾隆称赞他："汝能为朕用财，此国计民生之大务，非浮费也，何介焉！"清乾隆四十六年（1781），乾隆皇帝赐其杭州一座私宅，这就是人们所说的梁宅。

梁宅占地2500平方米，分东西两院，共有七进，楼阁百余间，天井敞阔，庭院幽深，檐廊迂回，砖雕精细，是典型的清代中期江南官宦宅邸。清嘉庆六年（1801），梁肯堂告老还乡，在此颐养天年。他80岁生日时，嘉庆皇帝赐御书"耆寿宣勤"匾额并赠厚礼以表庆贺。

梁宅原址在七龙潭3号，两百多年过去了，它依旧深藏在小巷里，在岁月的侵蚀下，虽已破败，基本建筑仍存，墙基上刻着的"乾隆四十六年墙界"清晰可见。过道里有一口年代久远的水井，据在这里居住的老人说，当年乾隆皇帝也饮用过这井水。如果乾隆皇帝真的来过梁宅，那个年代没有自来水，此说倒也可信。

2009年，杭州市政府将梁宅定为杭州市文物保护单位，修缮一新。七龙潭的故事和改换新颜的梁宅，一虚一实，给这条小巷平添独特意味，漫步其中，如同穿越悠长的时光隧道。

延伸足迹：海狮沟

海蛳沟：南接东青巷，北通太平桥弄。《夷坚志》谓太平桥有张四者，世以贩海蛳为业。《西湖游览志》

称海蛳沟之名即由此。

——钟毓龙《说杭州》

沿着七龙潭往东走,没几步就到了海狮沟。海狮沟的南端连接东清巷,北端通往太平桥横街,这是杭州城里又一条用动物命名的小巷,老地图和巷口牌子上写的是"海狮沟",其实此海狮非彼海狮,而是一种生活在水里的硬壳软体动物,就是螺蛳。

螺蛳的体形比田螺小,酱爆螺蛳一直是杭州人喜欢的美味佳肴。先把螺蛳剪去尾巴洗净,然后下油锅用酒姜煸炒,再加豆酱、辣椒、白糖、小葱即可,食用时用牙签(杭州人老底子用缝衣针)挑出螺蛳肉放进嘴里,鲜美无比。民间有"螺蛳过老酒,强盗来了不肯走"的说法,形容喝酒用螺蛳做下酒菜,就是强盗上门都舍不得放弃,可见味道之好。

海狮沟毗邻东河,很多穷苦人家在河边搭建棚屋居住,靠在河里捞螺蛳为生,杭州人叫摸螺蛳。他们向路人兜售鲜活的螺蛳,卖不完时就把螺蛳肉挑出晒干再卖。时间长了,河岸上的螺蛳壳堆得像小山一样,加上这一带地势低洼,人们就把这里叫作海蛳沟,后来误写成海狮沟。

南宋淳熙年间,有个叫张四的人住在东河边,他不仅摸螺蛳,还开了小饭店,专门烹调螺蛳,食客盈门,生意很好,每天都有很多进账。一天深夜,张四正在熟睡,忽然感到身上有东西在爬动,起身一看,螺蛳都从水盆里爬了出来,墙上密密麻麻的都是,还有不少紧粘在身上。张四吓得大叫,跪在地上对天发誓,再也不捕捉杀戮螺蛳了。只见螺蛳纷纷掉落地上,张四把螺蛳都投入东河放生,从此改开豆腐店,靠卖油煎豆腐干和臭豆腐为生。

海狮沟的旧貌新颜（上：20世纪末　下：21世纪初）

小小螺蛳，杭州百姓还把它和民族英雄联系在一起。

民间传说，在一个黑漆漆的深夜，有个人背着一样东西走出钱塘门外，来到东河边的螺蛳堆前，挖了一个坑，把背来的东西埋在坑里，然后用螺蛳壳覆盖在上面，跪在地上拜了三下，悄悄离去。

这人名叫隗顺，是大理寺狱的一个狱卒，他看到抗金名将岳飞在杭州风波亭被杀害，悲愤交加，乘着夜色偷偷把岳飞的遗体背出城外，埋在这里。第二天，秦桧不见岳飞的遗体，派人四处搜寻都没找到。后来，每到清明节，隗顺都会来这里祭奠岳飞。

宋孝宗赵眘即位后，为岳飞平反昭雪，张贴告示用重金寻找岳飞的遗骨。这时，隗顺已经去世，他的儿子在告示旁贴了一张纸条，上面写着："欲觅忠臣骨，螺蛳壳里寻。"宋孝宗派人在东河边的螺蛳壳堆里找到岳飞的遗体，把他的骸骨迁葬在栖霞岭，并请120个和尚在原葬地做全堂水陆道场，为岳飞超度亡灵。老百姓闻讯前来祭祀，纷纷打听在哪里做道场，有人告知说："螺蛳壳里做道场。"这句话就这样传开了，后来还成为杭州的一句俗语，表示在狭小的场地做重要的事情。

岳飞遇害后，他的遗体最初被狱卒隗顺埋葬在哪里，民间有不同说法，有说是埋在钱塘门外九曲丛祠旁（今昭庆寺附近），还有说是葬在众安桥边。说海狮沟是岳飞遗骨的初葬之地，自然更有神奇色彩。三者孰是孰非并不重要，更值得看重的是，忠骨归处所牵系的世道人心。

夏侯巷

> 夏侯巷：西出青龙街，东曲折至河边，地在新桥之西北。据陈春晓《觉庵续咏》，广安新桥夏侯巷亦名彩虹渡，每岁重五竞渡极盛，为东城十景之一。
> ——钟毓龙《说杭州》

沿着海狮沟向北走，向东拐入新桥直街，有一条小巷与之相交，它叫夏侯巷，南端连接新桥直街，北端通往体育场路。

20 世纪 90 年代的夏侯巷

　　该巷原先叫彩虹渡，这里毗邻东河新桥，河段宽阔，每年农历五月初五端午节，当地百姓为纪念屈原，在河里举行龙舟比赛，锣鼓喧天，彩旗飘舞，人头攒动，欢声震耳，成为旧时"东城十景"之一。

　　这条小巷后来改叫夏侯巷，缘于一个民间传说。

　　相传巷内有一户姓夏的人家，养有一女，天生丽质，与做木匠的张哥青梅竹马，两人相恋生情，准备喜结良缘。这天，朝廷到市井坊间为皇宫挑选美女的官员经过夏家窗前，看见夏姑娘正在给陪嫁用的枕头绣一对鸳鸯，模样端庄秀丽，便将其强征入宫。张哥闻讯赶到夏家时，只见屋里只留下一对绣好的枕头。有情鸳鸯就这样被无情拆散，他悲伤欲绝，忧郁成疾，不久便去世了。

　　夏姑娘被皇上封为妃子后，虽然享受优裕生活，仍一心思念张哥，常在后宫暗自落泪，茶饭不思，最终忧郁而死，归葬故里。人们听到这个凄楚的故事，无不伤感悲悯，就给这条小巷取名夏后巷，后讹传为夏侯巷。

师徒齐名天下闻——助圣庙巷

助圣庙巷：南穿威乙巷与遥祥寺巷相接，北折西出大东门直街。……地属宋时平安坊褚家塘地方，有助圣庙，祀唐褚遂良。据《咸淳志》，褚家塘在蒲桥军寨之北，褚遂良世居于此，故名。

——钟毓龙《说杭州》

沿着海狮沟往北走不多远，就来到了助圣庙巷，该巷南端始于威乙巷，北端连接助圣庙前巷。巷内原有助圣庙，用以祭祀一位"辅助圣上"的有功之臣。

唐代初年，杭城毗邻东河的褚家塘住着一户姓褚的人家，父亲褚亮担任散骑常侍，才华横溢，是当时有名的"十八学士"之一。褚家的儿子天资聪颖，拜名师虞世南和欧阳询学习书法，在家风熏陶和师傅指导下，技艺不断长进。

年轻人受到夸赞，很是得意，自以为书法可以登堂入室了，便问师傅虞世南："师傅，你看我的字与智永禅师相比，怎么样？"他原以为会得到师傅满口称赞，不料师傅毫不留情地说："智永禅师练字殚精竭虑，四十年不下楼，终成书法大师，有人出钱五万才能买到他的一个字，你才练习几年，怎能和他相比？"

年轻人很不服气，大言不惭地又问："那么我的字和欧阳询相比，你觉得如何？"师傅答道："欧阳询是本朝书法大家，作品被公认为今人楷书第一，不管怎样的纸张和毛笔，到他手里都能挥洒自如，笔笔精妙，你又怎能比得？"

年轻人无言以对，深感惭愧，再也不敢狂妄自大，从此苦练书法。

功夫不负有心人，十年过去了，年轻人再次请师傅批阅自己的书法习作，师傅评价道："手与笔调，取意自然，可以卓然成家矣。"

这个年轻人名叫褚遂良，他没有辜负师傅的教诲，终于成为著名的书法家。他深得王羲之书法的神气，又有自成一家的风韵，落笔坚挺凝重，浸透骨力，运墨疏瘦灵动，尽显丰润。他和虞世南、欧阳询、薛稷被称为书法界的"初唐四大家"，对后来的颜真卿等书法家影响很大。

说起褚遂良的师傅虞世南，也是出自名师门下，师傅就是那位智永禅师。智永禅师是书圣王羲之的第七代孙，其楷书是后人学习的典范。虞世南虚心从师，同时继承王羲之、王献之的传统，笔法刚柔相济，圆融遒丽，宋代诗人黄庭坚对其代表作《孔子庙堂碑》写诗赞道："孔庙虞书贞观刻，千两黄金那购得。"可谓字字墨宝，价值连城。

虞世南深得唐太宗李世民敬重，称他是"德行、忠直、博学、文词、书翰"五绝。有一次，皇宫装饰屏风，李世民让虞世南在屏风上书写《列女传》，没有底本可抄录，虞世南全靠记忆写完全文，不错一字。

还有一次，李世民出行，一个官员请示是否随车带上书籍典册和公文副本，李世民说："不用，有虞世南在，就是朕此行的秘书。"

虞世南不仅博闻强识，而且为人刚正，直言劝勉皇上勤政戒奢，积极辅助朝廷实施良策。李世民曾作宫体诗，自以为写得很好，让虞世南唱和，不料虞世南不愿应和，直言道："圣作固然工整，但内容却并非文雅端正，下面的人看到陛下喜欢，就会趋之若鹜，臣担心天下人都会效仿这样的诗风。"李世民觉得言之有理，自我解嘲道："朕不过是在试探你罢了！"为表彰虞世南的直言讽谏，还赐给他五十匹布帛作为奖赏。

唐贞观十二年（638），虞世南去世，李世民悲伤不已，叹道："虞世南没后，无人可与论书者矣！"下旨为虞世南家设五百僧斋，还为他造了一座天尊像。

都说名师出高徒，作为虞世南的门生，褚遂良同样精通文史，长于书法。李世民急需像虞世南这样的人才，宰相魏徵向朝廷推荐褚遂良，称赞他"下笔遒劲，甚得王逸少体"。李世民召见褚遂良，让他辨别大书法家王羲之的墨迹真伪，以检测他是否真有才学。

臣子们拿出唐太宗收藏的王羲之的所有书法作品，这些作品或重金收购，或各地敬献，数量之多令人惊叹，只是难辨真伪。臣子们屏气凝神，不敢出声，想看看虞世南的高徒如何完成这项无人能做的事情。

褚遂良知道绝不可轻言妄断，要是说错，人们会认为他徒有虚名，甚至会获欺君之罪。他缓缓展开一幅幅书法作品，仔细审视，一会儿退后远观，一会儿近前端详，不放过一个细节，然后一一道来，全都判断无误。就这样，褚遂良因书法进入朝廷，因真才得到重用。而皇帝身边有了这样的鉴宝专家，再也无人敢向朝廷进奉书法赝品了。

面对虞世南的弟子褚遂良，李世民常会想起虞世南，曾作诗怀念之，感叹道："钟子期死了以后，伯牙从此不再鼓琴。如今虞世南不在了，朕的这篇诗又能给谁看呢？"他让褚遂良拿着这首诗到虞世南的灵帐边诵读，然后放在香炉里焚烧，化作纸灰青烟，但愿虞世南在天有灵能感知这一份思情。

虞世南的为人也深深影响着褚遂良，作为弟子，褚遂良不仅深得恩师的书法真传，而且秉承了师傅的人品性格。他先后担任起居郎（专门记载皇帝言行的官职）、谏议大夫、中书令等职，执掌朝政大权，李世民遇到大事都要和他商议。

唐代的贞观之治，国泰民安，李世民便想去泰山举行祭祀天地神灵的封禅大典。满朝百官纷纷赞同，褚遂

20世纪90年代的助圣庙巷

良却极力反对，他向李世民劝谏道："天下安定时日不久，百姓生活刚有改善，皇上如去泰山封禅，兴师动众，劳民伤财，必会耗尽国力，对大唐王朝不利。"他还以史实为例，秦始皇建造长城导致民怨沸腾，百姓造反，尽失天下，希望皇上以史为鉴。李世民认为说得在理，虚心纳谏，放弃泰山封禅的打算，称赞褚遂良像诤臣魏徵一样一片忠心。

褚遂良的确堪称忠直之士，他没有辜负师傅虞世南的教诲，身居高位而不顾个人得失，直言相谏，成为唐代政坛举足轻重的大臣。李世民去世前，还把太子托付给褚遂良，嘱咐他和开国功臣长孙无忌一同辅助太子治国。

刚正耿直的性格会带来机遇，也会带来厄运。李世民去世后，唐高宗李治继位。唐永徽六年（655），李治为了摆脱元老集团控制，想要废除王皇后，立宠妃武媚娘（即武则天）为皇后。褚遂良极力反对，不惜丢冠舍命，冒死相谏，他把官笏放在台阶上，摘下官帽，用头叩地，直到头破血流，被皇帝喝令士兵强行拉出朝廷。

褚遂良因此得罪武则天等人，屡遭诬陷排斥，被贬到偏远的西南一带，最终在流放中去世，时年63岁。他的子孙后代也遭连累，流放到他死去的地方。直到四十多年后，褚遂良才得到平反，被朝廷视为建立大唐王朝的功臣，祭祀于高宗庙。

杭州百姓对这位辅助圣上治理天下的贤臣和书法家也情有独钟，在褚遂良居住的池塘巷附近修建助圣庙祭祀之，庙所在的地方就叫助圣庙巷。现在，小巷已成住宅小区，庙已不存。

延伸足迹：池塘巷

> 池塘巷：东起林司后，西至长宁街。……咸淳《临安志》卷三十八："褚家塘在蒲桥军寨之北，褚家故居。"原称褚塘巷，后讹为池塘巷。
> ——杭州市地名委员会办公室编《杭州市地名志》

助圣庙巷南端连着威乙巷，沿着威乙巷往西走到新华路，斜对面就是池塘巷。唐代"十八学士"之一的褚亮曾在这里住过，地因人而出名，褚家住地便叫褚家塘，也叫褚塘巷，后来大概是说起来顺口，就叫池塘巷了。

池塘巷除了褚遂良在这里住过，民间还流传着关于岳家军的故事。

南宋时，岳飞率领官兵抗击金兵，曾在池塘巷附近驻扎。当时正是酷热夏季，久不下雨，河水下降，池塘变小，居民用水紧张。岳飞下令官兵不得使用池塘里的水，必须到很远的河里挑水，无奈找不到很多水桶，加上远水解不了近渴，给官兵的生活造成很大困难。但是，军令如山，不得违抗。身为副帅的牛皋十分焦急，想说服岳飞有所变通，岳飞不为所动。

当地居民看到官兵用水困难，自发地挑桶端盆把水送到军营。官兵们想要谢绝，一位老人代表众人说："你们为百姓守土抗敌，百姓给你们送水理所应当。"岳飞十分感动，对乡亲们说："大家的心意我们领了，水塘里的水本已不多，你们全靠它喝水浇地，千万不要再送水了！"看到众人不肯答应，他又说道："大家先回去休息，明天我们再作商议吧。"众人这才离开军营。

第二天，天刚蒙蒙亮，居民到池塘取水，发现原先很小的水塘变成了大池塘。大家猜想一定是岳家军昨天晚上做的好事，纷纷说："岳家军比龙王爷还灵啊！"居民们来到军营想要表示感谢，军营里不见一人，官兵们已开拔征战去了。

时光如流水，转眼近千年。池塘巷里的褚遂良故居早已不在，而华夏书法艺术一直传承至今，熠熠生辉；岳家军的故事也仍在民间不胫而走，成为佳话。

青云街

> 青云街：北出贡院，南与永宁街相接。因地近贡院，昔时售应试用具、书籍之店肆聚集于此。
> ——钟毓龙《说杭州》

沿着池塘巷继续往西走到巷口，就到了青云街。青云街位于中河东侧，南端连着长宁街，北端通往贡院前。中河上有一座石拱桥，明清时举行科举考试的贡院设在桥的北侧，所在地便叫贡院前。

明太祖朱元璋登上皇位后，开设科举，浙江的读书应考之风浓厚。考生在贡院参加乡试，金秋发榜时，举办隆重的庆祝仪式，榜上有名者由贡院布政使带领，披红戴花，穿街走巷，一路敲锣打鼓，引来众人围观，十分热闹。中举的考生经过这座石拱桥，石栏上雕刻的是鲤鱼跳龙门，喻为"荣登考榜"，这座桥叫登云桥；过桥后经过一条平坦笔直的小街，意为"青云直上"，这条街便有了吉祥的名字，人称青云街。

每逢乡试，青云街车水马龙，贡院前考生云集，为乡试服务的市场应运而生，坊间称作考市。街上茶楼旅舍林立，书店、笔庄一家挨着一家，专门出售各种书籍和笔墨纸砚等文化用品，著名的商家有瀚海堂书铺、陈云杓刻石店（陈云杓与江苏昆山朱氏并称江南两大石刻名家）、林云楼装池、许虚白笺纸斋，还有沈茂才笔庄，所售毛笔用料考究，做工精细，《武林市肆吟》一书中收录有坊间流传的民谣：

> 兔颖羊毫善取裁，青云街里管城开。
> 一枝买得文三万，独数杭州沈秀才。

因为是读书人聚集之地，青云街上的酒家茶楼也很有文化气息。店内陈列盆栽秋菊，挂着名家字画，还留有一面空白墙壁，给中举和落榜的考生酒后茶余挥笔赋诗，抒发感慨之用。

清光绪三十二年（1906），贡院旧址改建为浙江官立两级师范学堂（今杭州师范大学前身）。一年又一年，莘莘学子从青云街走过，在这条求学之路上铺满了重重叠叠的脚印。

老宅易主情怀在——岳官巷

> 学官巷：东出忠清里，西出六克巷。旧名小打铁巷，亦作岳官巷。明中叶，有殳云桥、殳龙山兄弟，同为学官，故名。
>
> ——钟毓龙《说杭州》

池塘巷的东端与林司后相接，林司后是南宋时为朝廷掌管茶酒果品的翰林司所在地，故得名。沿着林司后往南走不多远，左侧有一条带"官名"的小巷，叫岳官巷，东端通往新华路，西端连接六克巷。

明朝万历年间，名叫殳云桥、殳龙山的两兄弟在这里建宅居住，他们都担任学官，这条小巷便叫学官巷，"学"和"岳"在杭州方言里发音相近，后来讹称岳官巷。

清朝康熙年间，从官场退职的翁嵩年买下殳家两兄弟的宅邸，在这里居家养老。翁嵩年当官多年，作风端正，勤政为民。他担任刑部郎中时，看到官府审理案件，受审的人如果为自己申辩，常会遭到酷刑折磨，受刑者满口流血，牙齿掉光，惨叫不止。翁嵩年便上书朝廷，终于将这种酷刑废除。

翁嵩年担任广东提学时，有一次到雷州半岛督学，按照规定，考场设在雷州半岛，琼州（今海南岛）的考

20世纪90年代的岳官巷

生要渡过琼州海峡才能赶考，如遇大风，海浪汹涌，乘坐舟船渡海十分危险。翁嵩年知道这个情况后，说："我岂能以一己性命换取千万人性命？"当即决定将考场改在琼州，让考生在当地应试，琼州的考生闻之欢呼雀跃。开考那天，翁嵩年坐船赶赴琼州督察考务，渡海途中，风浪大作，木船在波涛中颠簸，同行的人都非常紧张，翁嵩年却放声高歌，镇定自若，此事一时传为佳话。

清乾隆十年（1745），翁宅的主人换成孙氏家族。孙家有个叫孙宗濂的，三次参加乡试，屡试不第，决定弃考经商，后来凭自己的才能赚钱致富，不忘师恩，接济照顾已故老师的妻子儿女。他曾请一个姓汤的文人做家教老师，汤某患病，孙宗濂花了很多银子为他求医治病，没收取一分钱。他还资助友人陈某去云南赴任，陈某同样为官清廉，借钱料理丧事后无力偿还，孙宗濂听说后反而很高兴，认为这样做官的人不愧为自己的朋友。正因为有这样的为人，孙宗濂去世时，受他帮助的人都来悼念，满屋哭声。

到了清朝咸丰年间，云贵总督吴振棫买下孙宅并加以扩建，改称吴宅。吴振棫在任时也是体恤下情，颇多作为。他曾任山东济南、安徽凤阳等地知府，清理三百多件狱案，并上书朝廷改革贩盐税制，减轻百姓生活负担。退职后，他在岳官巷养老，生活节俭，深居简出，不与达官豪绅来往，却常接济穷困之人，还在宅邸办了敷文书院，重文兴教。他的儿子吴春杰受其影响，在担任山西雁平道台时，同样为官清廉，扶贫济民，赢得口碑。

吴宅就在岳官巷4号，被列为杭州市重点文物保护单位。2000年，重修吴宅，面积5.3亩，保留明代住宅建筑的总体布局，内有五进院落，门楼窗棂，雕物镂花，假山水池，高墙掩映，是杭城仅存的明代风格的木结构建筑。

一座老宅，历经风雨，几易其主，不变的是温良的宅风，传承的是仁义的情怀。

延伸足迹：六克巷

  六克巷：北出林司后，南出盐桥街。旧时有翁家花园，文人常聚于此，时称前后六客行。六克乃六客之讹。

——钟毓龙《说杭州》

林司后的南端与六克巷相接，沿着六克巷往南可到庆春路，隔路与皮市巷相对。

清代时，六克巷有一翁家花园，一些文人雅士常来园内闲坐聊天。一位姓沈的店主开的三元楼茶肆（后改名松声阁）更是茶人满座，其中有六位常客，分别叫朱西泉、曹金籀、温汝超、何政霖、胡啸嵋、孙儒伯，大多考中过举人，性格迥异，各有才气，三元楼茶肆的门联便是出自朱西泉的手笔:"不淡不浓,味堪适口;有红有绿,客也从心。"他们握盏碰杯,小啜豪饮,清谈热议,赋诗论文,号称"六客",小巷因此得名,后来误叫成六克巷。

六克巷是杭州城里典型的市井百姓聚居之地,自然也是坊间逸事、邻里趣闻滋生的地方,这为酒友茶客提供了取之不尽、嚼之有味的谈资,以下便是一例。

六克巷原先有一处冯宅,住着一个叫冯天的人,靠杀猪谋生,辛苦半生攒了一些钱,过上温饱不愁的日子。

20世纪90年代的六克巷

他年老时想到自己杀生无数，似有悔意，准备去天竺山灵隐寺烧香，修得来世好做人。

一天，寺庙里的老和尚操持佛事完毕，洗漱安寝，半夜里梦见观音菩萨对他说，有一个住在六克巷的屠夫要来拜佛进香，此人杀死的生猪的尾巴连接起来，从他住的地方一直到天竺山，可以绕三个来回。老和尚听了双手合十，连说"罪过罪过"，便问观音菩萨，屠夫果真来庙里如何是好，菩萨回道："合门，不纳可也。"

这日，屠夫来到灵隐寺，只见庙门紧闭，久敲不开，正要悻悻而归时，听到门内有人说道："放下屠刀，回头是岸，若要从善，心诚便可。阿弥陀佛！"屠夫听了若有所悟，回去后再也不碰屠刀，日子倒也过得十分安耽。

文武居士本杭人——东坡路

东坡路：南起仁和路西段，北至武林路。……以纪念北宋杭州刺史苏东坡得名。

——杭州市地名委员会办公室编《杭州市地名志》

西湖边有一条路，南端始于仁和路，北端连接庆春路，它在杭州城里名气很大，不是由于道路宽阔，也不是因为商业繁华，而是和杭州的一位姓苏的"老市长"有关，他就是苏东坡。

北宋熙宁四年（1071），苏东坡担任杭州通判，北宋元祐四年（1089），再度来杭，任知州，在任期间，赈灾济民，兴修水利，治理西湖，政绩突出。上任杭州通判时，正遇城内疫病流行，他将友人赠送的五十两金子捐出，在众安桥设立安乐病坊，收治穷家病人。他的公益作为得到朝廷肯定，北宋崇宁二年（1103），宋徽宗诏令各地推广苏轼的做法，在各地设立安济坊，让更多老弱贫困者受惠。

苏东坡慷慨济民，自己的生活却很随意，戴的帽子因太宽松常掉下来，就用一根麻绳系住帽子，旁人见了都感叹其"简率如此"。

正因为如此简率，苏东坡深受杭州百姓好评，很多人家挂着他的画像,称"家有画像,饮食必祝"。他为官数年,从东坡肉到东坡路到苏堤,为杭州刻录了天下独有的印记,杭城的街巷里弄也留下了很多他的故事。

在西湖边的一条小路上,住着一位老妇人,靠摆茶摊为生。有一天,一个路人路过这里想买碗茶喝,一摸衣兜却没带钱,他和老妇人商量能否赊账喝茶,日后定会奉还。老妇人看他口渴的样子,一口答应,心想即便这位茶客食言,就当自己做了一件善事吧。几天过去了,那人没来还钱,老妇人也把这事忘了。

过了一段时间,茶摊前来了一个相公模样的人,老妇人觉得面熟,仔细一看就是那位赊账的茶客。只见茶客连声道歉,说是专门来还茶钱的,可是匆匆出门又忘了带钱,实在不好意思再拖欠,可否作一幅画代替茶钱。老妇人说一碗茶钱就算了,但见茶客执意要这么做,就拿来纸笔。茶客展纸握笔,很快就画好了,笑着说道:"不知此画能否当得我的茶钱?"说完,双手作揖,告辞而去。老妇人不识字,收下画后也没细看,就去接待其他茶客了。

晚上,老妇人对家人说起那位茶客用画换茶的事。家人好奇地展开一看,是一幅水墨画,画的是西湖的秀水青山,大家都说"好画好画",再一看落款,不禁惊呼起来,落款者竟是"东坡居士",方知这位茶客原来是知州苏轼。

苏东坡到过这里的消息很快传遍四邻,他信守承诺的举动成为坊间美谈。后来,人们为了纪念苏轼,就把这条路叫作东坡路。如今,这条路已成为湖滨商业景观街,四方游客络绎不绝。

东坡路上还有一个地标性建筑,就是东坡剧院,20

东坡路

世纪六七十年代属于杭州的高档剧场，在这里看戏看电影，已成为老杭州人的一种文化记忆。2019年，与断桥隔湖相望的东坡大剧院经过改建重新开业，上演的开幕大戏是经典神话传说《白蛇》，有评论说，这是在最接近西湖的剧场上演了一出最西湖的故事。

苏东坡在杭州为官五年，留下世代美名，深得百姓的民心与厚待，难怪他说"居杭积五岁，自忆本杭人"，还想"平生所乐在吴会，老死欲葬杭与苏"了。

延伸足迹：学士路

学士路：以江学士桥得名，明工部侍郎江晓居此，称江学士。

——钟毓龙《说杭州》

说到东坡路，就要提到与之相交的一条路，路名同样很有文化味，叫学士路，它的东端起于岳王路，西端贯通延安路和东坡路，与湖滨路相接。明代时，工部侍郎江晓在这里居住，他的家族五代有七人考中进士，成为名门大户。他去世后，被朝廷追封为学士，江宅附近的桥因此叫学士桥，路因毗邻学士桥而得名。

民间关于学士路的来由还有一说，就更有文化味道了。

学士路的旧貌新颜（上：20世纪90年代　下：2020年）

苏轼在杭州为官时，喜欢便服出行，一来为了消解忙于政务的疲累，二来可以了解社情民意。有一天，他经过一所民房，听到传来读书声，探身一看，只见屋里一位先生在教一群孩子识字，其中有几个孩子光读不写，只是看着先生教字。苏东坡一打听，原来这是一所私塾，那些孩子因家贫没钱买纸笔学习写字。

苏东坡闻之便生恻隐之心，想捐钱资助这些贫家子弟读书，但转念一想，给人钱财只能解困一时，教人励志才是育人根本。于是，他和私塾先生商量，说自己可以教这些孩子不用纸笔学习写字，私塾先生十分好奇，同意试试。

苏东坡把贫家子弟领到学堂外的沙地上，对他们说："没有纸笔无妨，人人脚下有纸。"说完，捡起一根细树枝，在沙地上写起横撇竖捺来，笔锋有力，字迹潇洒，孩子们看了都跃跃欲试。苏东坡让他们以树枝代笔，把沙地当纸，一笔一笔地学写汉字笔画。孩子们兴致勃勃地练习着，可几个家境富有却不想学习的孩子，常在旁边吵闹干扰。苏东坡就在沙地上画一条长线，说这条线叫"学字界"，线的左侧是学习区，右侧是玩耍区，每人在各自区域做允许的事，不得越界，违者要罚，效果果然很好。那些穷苦孩子在线的左侧用心练习，看到那条界线淡了，就重新画好，还用小石头把"学字界"固定起来。

大学士苏轼教孩子写字的故事在坊间传开，人们从此就把这条路叫作学士路。也有人说，杭州方言里的"学士街"与"学字界"发音相近，由学字界而为学士街又改叫学士路，所以才这样叫的。哪一种说法更准确并不要紧，重要的是，苏东坡之所以深受百姓的拥戴和怀念，不仅是因为他的为官政绩，更是因为他的仁义作为和悲悯情怀。

蕲王路

> 蕲王路：南起学士路，北至长生路西段。……民国初建路，为纪念南宋抗金名将蕲王韩世忠，故名。
> ——杭州市地名委员会办公室编《杭州市地名志》

沿着学士路往西湖方向走，有一条与东坡路平行的路，只有100多米长，南端始于学士路，北端连接长生路，它叫蕲王路，是用一位赫赫有名的武将的封号命名的。

南宋建炎四年（1130）三月，正是春意正浓时，长江两岸却摆开两军决战的阵势。几个月前，金军统帅完颜宗弼率领号称十万的金兵，渡江追赶南逃的赵构，在杭城大肆劫掠后，乘船沿运河北上，企图从镇江渡江回到中原。不料，宋军八千官兵乘坐海船先行到达，在北岸严阵以待。宋军统帅带领官兵拼力阻击渡江北归的金军，同时堵塞运河入江口，切断金军退路，宋军主帅夫人梁红玉亲临前线擂鼓激励士气，激战数日，歼敌数百，金军未能渡过长江一兵一卒。完颜宗弼愿意归还劫掠的金银财宝并赠送名马，以求放金军过江，宋军主帅断然拒绝："我不要财宝名马，只要还我中原！"

金军只得沿长江西进，寻机渡江，宋军乘船同向进发，紧追不舍。最后，在黄天荡这个死水港湾再次摆开决战阵势。宋军用船队封锁黄天荡通往长江的唯一水道，没有退路的金军冲出黄天荡时，宋军抛掷绳索铁钩，拖拉金军的小船使其倾覆，同时用海船两路夹击。双方相持四十多天，金军最后用火攻突围，总算撤回北方，接着又在建康被岳家军大败，从此再也不敢南侵。

这就是历史上著名的黄天荡之战，指挥大战的是南宋名将韩世忠。

蕲王路的旧貌新颜（上：2000 年　下：2020 年）

　　韩世忠（1090—1151），陕西人，18 岁从军，作战勇猛，担任宋军将领后，治军有方，身先士卒。随宋高宗赵构南下后，多次大败金军，金军不敢来犯。特别是黄天荡之战，为保全南宋半壁江山立下大功，时称"中兴第一功"，与岳飞、张俊和刘光世并称"中兴四将"。他多次上书朝廷反对议和，力主恢复中原，忧及社稷安危时常涕泪纵横。当岳飞被秦桧以"莫须有"罪名陷害时，满朝文武百官，唯有他敢于当面责问秦桧："'莫须有'三字，何以服天下？"因此不被朝廷重用，自请解职。

解甲归田的韩世忠住在杭州学士路的一条小巷里，自号清凉居士，从此以西湖为伴，头扎一方纶巾，身骑一头毛驴，游走山水之间，处世淡然自如，全无曾握兵权的将帅风范。

有一天，韩世忠登上灵隐寺前的飞来峰，看到"飞来"二字，不禁想起岳飞在安徽池州驻防时，登山游翠微亭写的七绝《池州翠微亭》："经年尘土满征衣，特特寻芳上翠微。好水好山看不足，马蹄催趁月明归。"昔日并肩抗击金军，八千里路披星戴月，如今征尘未洗却长眠地下，想到此，韩世忠百感交集。为了纪念岳飞，他在西湖边的飞来峰建了一座亭子，取名翠微亭，但愿英雄重回人间，再来这里寻芳吟诗，看尽好山好水。

亭小情义重，转眼数百年。翠微亭历经风雨，早已毁坏，1924年又在原址重建。飞来峰上，翠微亭边，松柏常青，芳草枯荣，亭柱上刻着一副对联："路转峰回藏古迹；亭空人往仰前贤。"西湖山水有这样的英魂相伴，杭州百姓有这样的前贤为师，幸哉！

南宋绍兴二十一年（1151），韩世忠病逝于杭州，后来，宋孝宗追封他为蕲王，谥号忠武。杭州百姓一直铭记韩世忠，把这位"清凉居士"居住的巷子叫作蕲王路。

义父孝女照汗青——岳王路

> 岳王路：南起仁和路东段，北至庆春路西段。……俗称老岳庙（众安桥小学校址）。民国拆旗营墙筑路，为纪念岳飞，取名岳王路。
>
> ——杭州市地名委员会办公室编《杭州市地名志》

讲述杭州的历史故事，岳飞肯定是其中的一位主角。杭州除了有岳飞墓和岳飞庙，还有好几条街巷与他有关，岳王路便是其中之一。

南宋绍兴十一年年末（公元 1142 年），岳飞被宋高宗赵构和宰相秦桧以"莫须有"的谋反罪名，在大理寺（最高审判机关）狱中的风波亭执行死刑。临刑前，这位渴望"壮志饥餐胡虏肉，笑谈渴饮匈奴血"的抗金名将仰望苍天，满腔悲愤地在供状上写下八个大字："天日昭昭，天日昭昭。"壮怀激烈的他最终未能看到"还我河山"的那一天，含冤离世，年仅 39 岁。

按照规定，在大理寺狱中处死的犯人，尸体要埋在监狱的墙角地下。狱卒们敬佩岳飞精忠报国的精神，都不忍心这么做，又不敢违抗规定。其中有一个叫隗顺的狱卒，一直仰慕岳飞的英名，暗暗决定冒死一搏。

当天夜深人静时，隗顺看到风波亭已无一人，就背

义父孝女照汗青——岳王路

20 世纪 90 年代的岳王路

起岳飞的遗体，悄悄走出监狱，翻越城墙，来到钱塘门外的北山（今宝石山）下，将遗体放进一个简单的棺木里，埋葬在九曲丛祠旁（今昭庆寺附近）。月色下，他看到遗体胸前有一个东西发着亮光，拿起来一看，是一块玉环，这是岳飞和妻子的信物，生前一直佩戴在身上。隗顺把玉环小心地系在遗体的腰上，但愿岳飞长眠地下，有它陪伴永不寂寞。

隗顺掩埋好岳飞遗体，在坟前种了两棵橘树作为标记，并在墓前立了一块碑，上面写的是"贾宜人之墓"（"宜人"是宋代妇女因丈夫或子孙而获得的封号），以免秦桧奸党发现，然后向坟墓鞠了三躬，消失在黑夜里。

从此，这个普通狱卒就是唯一知道岳飞遗体埋葬之地的人。清明时节，他常会一个人到这里点上一炷香，默默祭奠英烈。

许多年过去了，隗顺临终前将儿子叫到床前，向他透露了这个不为人知的秘密，嘱咐儿子，官府日后如要识别岳飞墓地真假,棺木上系着一个铅筒,上面刻有大理寺的"勒"字,这就是岳飞埋葬之地的记号。

南宋绍兴三十二年(1162),宋孝宗赵眘继位,他知道岳飞冤案难平天下人心,也为了向世人表明自己的抗金态度,加之太学生程宏图等人上奏朝廷要求"昭雪岳飞之罪",于是下旨为岳飞平反,恢复名誉,予以改葬。时隔二十多年,无人知晓岳飞遗体埋在何处,官府四处张贴布告寻找知情者。

隗顺的儿子看到布告后,对官府说出父亲留下的秘密。就这样,长眠地下的英烈终于重见天日,朝廷以一品官的礼仪将岳飞安葬在西子湖畔的栖霞岭,并在墓穴旁建岳庙祭祀岳飞。墓道两边立有石人、石虎、石羊、石马,墓前跪着四个铁铸人像,分别是陷害岳飞的秦桧、王氏、张俊、万俟卨。从此,岳庙成为杭州的一个著名景点,庙前的路取名岳坟街。

一代英烈终于魂归青山,让后人千秋凭吊。正如岳庙的楹联所写:"青山有幸埋忠骨;白铁无辜铸佞臣。"而那位侠肝义胆的隗顺,被视为"千古第一狱卒",同样受到世人称颂。

民间还有传说,岳飞遗骸初葬于众安桥的扁担岭(后为众安桥小学校址)。清道光十三年(1833),杭州府掌管狱司的典史吴廷康根据这一传闻,在众安桥修建岳飞墓和岳飞庙。清代时在这里建旗营,民国初拆除旗营扩建道路,为纪念民族英雄岳飞,定名岳王路,俗称老岳庙,该路的南端起于仁和路,北端穿过平海路与庆春路连接。1928年在庙址建岳王路小学,1950年更名为众安桥小学,1994年建娃哈哈美食城,庙被拆除。

延伸足迹：孝女路

孝女路：南起学士路东段，北至庆春路西段。……以路北端有孝女井得名。地处旗营东北隅，民国始名孝女路。相传岳飞被害后，幼女银瓶，悲愤填膺，叩阙上书，被逻卒拦阻，遂抱其父生前所赠之银瓶在家院投井而死。

——杭州市地名委员会办公室编《杭州市地名志》

岳王路的西侧有一条与之平行的路，叫孝女路，它

孝女路的旧貌新颜（上：2000年　下：2020年）

的南端始于学士路，北端连接庆春路。这条路同样有关于岳飞的故事，为老杭州人津津乐道。

相传，岳飞的小女儿名叫孝娥，她聪颖好学，深明大义。岳飞和长子岳云、部将张宪遇害后，孝娥怀着满腔悲愤来到皇宫前，拼命叩击宫门，想要上书朝廷申诉冤情，却被巡守的卫士阻挡。孝娥叫天不应，叫地不灵，回到家里，看到自己最喜爱的银制水瓶，这是父亲生前送给她的。孝娥捧起银瓶，睹物思人，悲痛欲绝，泪如雨下。她抱着银瓶来到院子里的一口水井前，井水映出她的身影，身影背后是朗朗苍天，可是苍天无眼，奸人当道，忠臣屈死，自己何不随父亲同去，在阴间仍做他的爱女，于是纵身一跃，投井而死，年仅13岁。

从此，人们不仅记住了精忠报国的武穆岳飞，也记住了以身殉父的银瓶姑娘。

明朝正德年间，按察使梁材顺应民意，在孝娥殉难的水井上建造亭子，题名孝娥井，民间也叫孝女井和银瓶井，岳飞住地就叫孝女路。后来亭子颓圮，水井湮没，清同治六年（1867），吴廷康为纪念孝娥，在岳飞住宅的西侧（今庆春路和延安路相交处）建亭立碑，取名孝女亭，俗称银瓶娘子庙，地方官员每逢春秋两季都要到庙里祭祀。

孝娥为父亲为道义悲壮赴死的行为，感天动地，一直为后人传颂。元代文人杨维祯在《银瓶怨》里这样写道：

岳家父，国之桢。秦家贼，城之倾。皇天弗灵，嗟我父与兄。生不赎父死，不如无生。千尺井，一尺瓶，瓶中之水精卫鸣。

元代提学（负责全省教育的官员）刘瑞也为孝娥井撰写铭文，称赞这位烈女子：

> 天柱巍，日为月，祸忠烈，奸桧孽。娥叫父冤冤莫雪，赴井抱瓶泉化血。血如霓，愤如铁，曹江之娥符尔节。噫嘻！井可竭，名不可灭。

20世纪90年代，风波亭和孝娥井因扩建庆春路被拆除。2003年，为了实现杭州市民"恢复风波亭遗址"的愿望，市政府在离孝娥井原址不远的西湖钱塘门，按宋代风格重建风波亭，亭边置放孝女碑和井圈。重建后的风波亭二层瓦盖，八角翘檐，亭柱上刻着清代文人喻

重建的风波亭

岳家湾的旧貌新颜（左：20世纪90年代　右：2020年）

长霖撰写的一副对联：

> 有汉一人，有宋一人，百世清风关岳并；
> 奇才绝代，奇冤绝代，千秋毅魄日星悬。

岳飞和长子岳云蒙冤遇害后，岳飞夫人李氏和次子岳雷、三子岳霖被流放到岭南。南宋绍兴三十二年（1162），宋孝宗赵昚继位，下诏为岳飞平反冤案，岳飞的后代得以回到杭州。岳飞原先的住宅是南宋绍兴九年（1139）朝廷所赐，位于众安桥北，岳飞遇害的第二年，故宅改建为太学。相传在太学大院里住读的太学生们，对故宅主人岳飞心怀敬仰之情，眼前常会惊现岳将军的身影。

20多年过去了，时过境迁，岳飞家人即便能回旧地居住，难免睹物思人，徒增伤悲。当时，岳飞的部将高冲住在毗邻东河的高家河头，这里临近河湾，生活方便，也许是为了得到照顾，也许是想环境清静，岳家子孙便在这里住了下来，人们便把这里叫作岳家湾。

岳家湾原本是一条窄小的弄堂，现已拓宽成马路，南端连接凤起路，北端与体育场路相通，街道两边都是住宅小区和商家店铺，这里毗邻车水马龙的主干道，却仍然显得十分清静。今天的人们大多知道岳飞和杭州的关系，却很少有人会把岳王路和岳家湾联系在一起，好在它们的地名依旧留存在杭州的记忆中，一直留存在古城的文脉里。

以身殉教兴女学——惠兴路

惠兴路：纪念惠兴女士。女士姓瓜尔佳氏，旗人。清末创办女校……校建成后即名惠兴，路亦以此名。

——钟毓龙《说杭州》

岳王路的南端连着仁和路，沿着仁和路往西没走几步，就到了惠兴路，这条路的北端始于仁和路，南端通向解放路，与青年路对接。

像孝女路一样，这条路的故事主人公也是一位"义女"，她和孝娥都选择自尽的方式结束生命，一个以身殉父，一个献身事业。

清光绪三十年（1904）九月的一天，杭州贞文女子学堂举行开学典礼。一位青年女士走上讲台，面对走进这所学校的第一批女生，她充满激情地发表演讲，告诉学生"非兴学无以自强"，鼓励她们求学成才，勇于向"女子无才便是德"的传统观念挑战，说完挽起衣袖，用刀割下手臂上的一块肉，激动地对众人说道："这块臂肉，作为开学的纪念，若是以后贞文女校能够推广，臂肉还能复生，若是贞文女校半途而废，我定要将这身子，殉了这事业！"

这位慷慨陈词并做出惊人之举的人，名叫瓜尔佳·

惠兴。

瓜尔佳·惠兴（1870—1905），出身满族官宦世家，从小迁居杭州，结婚后不久丈夫即去世，一直独居。读书和自身经历让她认识到，女子只有接受教育才能自强自立，摆脱卑微地位。

清光绪二十九年（1903），慈禧太后允许各地办女子学堂。杭州也办起一所公立女校，惠兴女士不顾家族反对前往报考，因主办者带有偏见而被拒绝，于是，她决定自己创办女子学堂。她四处奔走，一年后，募集三百多银元，为了补上资金缺口，她又找旗营里的富有女眷募集钱款，并向当局申请土地，终于创办了贞文女子学堂。

天有不测风云，一些答应校舍建成即捐款的人却违背承诺，拒付钱款，还对惠兴女士冷嘲热讽，承建学校的人又不断登门讨要工钱。学校勉强维持了一年，已无经费再办下去，惠兴女士只能以命相搏。她分别给镇浙将军和全校学生写了一封绝命书，请求当局将遗书转呈朝廷。遗书陈述了兴办教育、开启民智与国家富强的关系，企盼政府能给学校长年经费，最后写道："愿以一死动当道，兴女学，图自强。"

清光绪三十一年（1905）十一月二十五日清晨，初冬的杭城寒风渐起，黄叶飘零，一片萧瑟。惠兴女士服下毒药，走出屋门，步履踉跄地来到镇浙将军署，向镇守将军面交遗书，终因体力不支，倒地不起，经抢救无效死亡，年仅35岁，她留给世人的最后一句话是："此禀递上有长年经费矣！"

杭州市民闻之群情激奋，人们称惠兴女士为"中国

惠兴路

六千年来十界（即天地人间）第一伟人"。此事也震动朝野，镇浙将军和浙江巡抚联名上书朝廷，慈禧太后下旨为惠兴女士建立牌坊，将其遗体葬在西子湖畔的孤山放鹤亭后。

惠兴女士的义举更是感动了全社会，北京著名艺人举行义演募集资金，浙江官府拨下专款，将贞文女子学堂改为官立惠兴女子学堂，把学堂所在道路改名惠兴路，以纪念这位为教育殉身的女子。

义女兴教，薪火相传。一百多年来，无数学子从这所学校走出，成为社会有用之才，蔡元培、沈钧儒、马寅初、苏步青、夏承焘等社会名流曾在该校担任校董和教师。惠兴女子学堂后来改为杭州第十一中学，2000年定名惠兴中学。这所有着悠久历史的学校，为杭州的近现代教育史留下耀眼的一笔。

延伸足迹：嘉树巷

嘉树巷：（本）枣木巷，西通石湖桥，宋时范成大所居，号石湖，故名。

——丁丙《武林坊巷志》

岳王路的东侧有一条嘉树巷，它的东端始于中山中路，西端连接岳王路，这也是古代一条很有"文气"的小巷。清朝乾隆年间，钱塘人吴世英（自号嘉树）在这里居住。他出身寒门，勤奋读书，才思敏捷，孝顺老母，广受赞誉，人们便把小巷叫作嘉树巷。

嘉树巷还住过一位文臣兼诗人的名家。

南宋乾道元年（1165），金国完颜仲出使南宋递交国书，要求按两国惯例，宋孝宗赵眘必须面朝北方，跪地接受金国国书。赵眘不愿忍受这种带有侮辱歧视性质的礼仪，想让负责朝会礼仪的官员受书，遭到完颜仲反对。正在互不相让时，太上皇赵构担心冒犯金国再惹战火，极力劝说赵眘忍之，赵眘只得屈从。

南宋乾道六年（1170），赵眘打算派使者前往金国都城中都（今北京），和金国商议更改受书礼仪，并要求归还在河南的宋室皇陵。此举可能激怒金国而有去无回，大臣们无人敢领命前往。这时，一位儒雅的文官挺身而出，他就是范成大。

范成大到了中都后，拜见金国皇帝完颜雍（金世宗），呈上国书，慷慨陈词，希望修改受书礼仪。金世宗岂肯轻易答应，不愿接受国书，范成大长跪不起，坚持要求修改礼仪。立于旁边的金太子被激怒，拔剑想要杀他，范成大面无惧色，不肯退让半步。

弱国无外交，但是弱国却有可杀不可辱的使臣。在金国皇帝面前的就是这样一位使臣，连金国的官员都十分佩服他的勇气和胆魄。

最终，金国同意迁走宋室皇陵，并归还钦宗梓宫。范成大出使金国，虽然没有完全达到预期目的，但是能够不辱使命，保全气节而归，受到朝野一致称赞。

其实，历史上的范成大是作为诗人而更为人知的。

范成大（1126—1193），苏州吴县（今江苏苏州）人，年少聪慧，静心读书十年不出山，号称此山居士。考上进士后，先后担任四川制置使、参政知事、资政殿大学士等职，为官体恤民情，很有作为。

范成大的文才同样出类拔萃，诗风自成一家，田园诗清新淡雅，爱国诗雄浑激昂。例如，他在出使金国时写下72首绝句，其中一首《会同馆》这样写道：

万里孤臣致命秋，此身何止一沤浮！
提携汉节同生死，休问羝羊解乳不？

20世纪90年代的嘉树巷

该诗写的是范成大住在金国的会同馆里，听说要被扣为人质，不禁想到汉代的苏武出使匈奴，手持汉节，宁折不弯，被匈奴放逐荒野，孤身牧羊，必须等到羝羊（公羊）产奶才能放还。范成大自比苏武，为国何惧一死，只求不辱使命。短诗仅有四句，充分表现了诗人傲然不屈的铮铮铁骨和气冲云霄的民族气节。

范成大的诗歌创作成就，使他与杨万里、陆游、尤袤并称为南宋"中兴四大诗人"，对后人影响很大，世称"北有范仲淹，南有范成大"，二人是南北两宋两位都姓范的著名诗人与文臣。

范成大曾在嘉树巷西侧的石灰桥边住过，晚年以家乡的石湖为名，自号石湖居士，石灰桥后来就被人们叫作石湖桥了。

石贯子巷

> 石贯子巷：在嘉树巷南，东出弼教坊，西出岳王路。石贯子为十官宅之讹。盖宋时之宗学在其南，有宗子十人居此，故称十官宅。
> ——钟毓龙《说杭州》

嘉树巷的南侧有一条与之平行的小巷，它的东端连接中山中路，西端贯通岳王路与学士路对接。这条小巷长不足百米，名字也很普通，过去曾是皇室子弟居住读书的地方。

宋代王朝为了培养宗室子弟（即皇族后代），在各个王府宫院里为宗室子弟开设学校，由专职学官训导教诲，称为宫学。南宋嘉定年间，很多宗室子弟在皇宫外面的宅邸居住，宋宁宗赵扩于是改宫学为宗学，在皇宫外设立学校，沿袭太学办学模式，宗室子弟集中接受教育，可以通过乡试入仕为官，从而激发了求学热情，且住读于市井坊间，更能接触社会了解民情。宗学与太学、武学并称为"三学"，对培养宗室人才发挥了很大作用。

南宋在杭州建都时，皇室睦亲（宗族中的近亲）读书的宗学就设在石贯子巷南侧，这一带就叫睦亲坊，曾有十位求学的宗室子弟在小巷居住，小巷取名宗学巷，俗称十官宅巷，后来因发音相近叫十贯子巷，再后来就叫成了石贯子巷。明朝成化年间在此设立按使署，建有弼教坊，故这一带也叫弼教坊。

石贯子巷是宗族子弟求学念书场所，便有一些书铺开在这里，为小巷增添了书卷气。开书铺者不乏学深趣雅的文化人，其中有一位名叫陈起，别称武林陈学士，宋宁宗时乡试考了第一名，在这里开设"陈宅经籍铺"，编著、出版、销售古籍数万册，尤其善刻坊本（书坊刻印的书），和福建建安余氏并称宋代刻书两大家，刻印

20世纪90年代的石贯子巷

唐宋文集和笔记小说近百种，成为坊刻精品，为后世珍藏。后来还有南宋刻书家、藏书家陈思在这里开设书肆"续芸居"，"续芸"意为秉承陈起（号芸居）的作为。他喜欢收藏研校古籍，按照正史体例编著10卷《书小史》，收录自远古伏羲氏至五代入宋500多位书法家的小传与作品，是关于书法史的重要著作。

弼教坊不仅充满了书卷之气，而且还激扬着浩然正气。

明末清初，民族英雄张苍水变卖家产，投笔从戎，与郑成功联合抗清，兵败被俘后押至杭州。面对西湖的秀丽景色，他想到坚守民族气节的岳飞和于谦都在这里魂归青山，顿生崇仰先贤、以身报国的豪情，以诗言志：

国亡家破欲何之，西子湖头有我师。
日月双悬于氏墓，乾坤半壁岳家祠。

清廷对张苍水多次劝降，并以杀害其妻儿要挟。张苍水坚贞不屈，只求以死报国，他在监狱的墙上书写一首《放歌》，留下气壮山河的诗句："予生则中华兮死则大明，寸丹为重兮七尺为轻。"

清康熙三年（1664）九月七日，张苍水被押到弼教坊刑场，临刑前为世人留下了最后一首诗："我年适五九，复逢九月七。大厦已不支，成仁万事毕。"写毕，仰天长叹："好山色！"然后昂首挺胸，慷慨赴死。

张苍水的遗骨被义士葬于杭州南屏山，墓旁建有张苍水祠，他和岳飞、于谦都埋骨西子湖畔，后人称之为"西湖三杰"。

如今，石贯子巷已拓宽成街，与学士路连成一路。它和很多老街巷一样，融入了杭州的历史文脉，与岁月一起沉淀，为这座古城积累着生命的厚度。

方谷有梦飞天外——方谷园

> 方谷园：东出直大方伯，西出马市街。传为布政使应朝玉之后花园，欲与石崇之金谷园媲美，故称方谷园。
>
> ——钟毓龙《说杭州》

杭州的马市街，南端始于解放路，北端通到庆春路，是老底子连接这两条马路的主要通道。它原先是一条宽仅三四米的小巷，南宋时在这里开设马匹市场，所以叫马市街。

从解放路走进马市街，东侧第一条小巷叫方谷园，它的西端始于马市街，东端连接直大方伯。方谷园里原先建有芳谷园，它和古代的一个大富豪有关。

这个大富豪就是西晋的石崇，他自以为有钱，喜欢与人争强斗富。晋武帝的舅父王恺也是豪门贵族，生活奢侈无度，石崇处处想比过他，为此不惜挥金如土。他听说王恺家里用麦芽糖刷洗锅子，就让家人用石蜡烧火做饭；他看到王恺在道路两边用丝布做成40里长的防护布障，就令手下用锦缎做成50里长的布障；他看到王家用赤石脂（中药材）涂刷墙壁，就用香料刷满院墙。

这还不够，石崇为了显富，还在洛阳城外大兴土木，建造豪华别墅金谷园。金谷园方圆几十里，楼阁殿堂，金碧辉煌，修竹掩映，池鱼游弋，亭榭错落，清溪蜿蜒，规模之大，豪华之极，与皇宫御园不相上下，这就是洛阳八景之一的"金谷春晴"。

石崇在金谷园过着纸醉金迷的生活，奢靡程度令人难以置信，对此，南朝文人刘义庆在《世说新语》里多有记述。例如，石崇经常在金谷园里设宴豪饮，让侍女劝客人喝酒，如果客人喝不完，杯里还有剩酒，石崇就让侍卫砍掉劝酒侍女的脑袋。有一次，丞相王导和大将军王敦到金谷园赴宴，王导的酒量有限，又不忍看到陪酒的侍女被无辜杀害，只得来者不拒，喝得大醉，石崇才肯罢休。王敦生性刚直，不愿屈从，无论侍女怎么劝酒，就是不喝，石崇就连斩三个劝酒的侍女，残暴至极，令人发指。

2000年的方谷园

到了明朝仁宗年间，浙江布政使应朝玉在杭城的东河西岸建宅邸。古代把统领地方的长官叫作方伯，所以也称应朝玉为方伯，他的宅邸所在地就叫大方伯里，后来改叫直大方伯。

应朝玉位居高官，家境富有，他看到《世说新语》中对金谷园的描述，十分羡慕，心想石崇能建，自己为何不能建，于是就在直大方伯的宅邸后面，模仿金谷园建了一个豪华庭园，取名"芳谷园"，小巷也由此得名，后来叫成方谷园。

再豪华的宅邸也经不起岁月的冲蚀，芳谷园几经易主，逐渐颓败。清顺治十七年（1660）十月二十三日，芳谷园一带突发大火，火势蔓延数里，殃及芳谷园，仅存部分房屋庭园。现在位于方谷园和小营巷之间的小营公园，就是芳谷园的一部分遗址。

在方谷园狭长的小巷里有一个很深的墙门，门牌是方谷园2号。从这个墙门里走出过一个人，他对国家的作用至大，以至于当年他打算从美国回中国时，美国海军部副部长金贝尔说："这个人抵得上五个海军陆战师，我宁可把他枪毙，也不能让他回中国。"

这个人就是被誉为"中国航天之父"的钱学森。

民国初年，芳谷园尚存的房屋庭院归杭州富商章家所有，章家把多才多艺的女儿章兰娟许配给同样博学多才的钱均夫，并把芳谷园作为女儿的嫁妆。钱均夫和章兰娟结婚后生了一个儿子，取名钱学森。钱学森幼年在方谷园住过一段时间，后随父亲到北京读书，1935年赴美国留学，成为著名物理学家。1955年，他放弃在美国的优厚待遇，毅然回国，和科学技术人员艰苦奋斗，为我国的国防科技事业做出卓越贡献。

钱学森的故居占地 1.3 亩，二层木结构房屋十余间，三进深，两个院落，一口水井。2003 年，方谷园 2 号被列为杭州市文物保护点，现已修缮一新，成为爱国主义教育基地。

上：钱学森故居　　下：方谷园

一条小巷，留下不同时代两个人物的人生足迹，他们对社会的作为和价值却有着天壤之别。只有尽心为民、热血报国的人，才会得到人们的纪念和历史的垂青。

延伸足迹：小营巷

小营巷：东与万安桥斜对，西出马市街。……西首与马市街相接处为顾鸢之之宅，甚宏敞。太平军入杭后，即以此宅为诸王之王府厅。

——钟毓龙《说杭州》

方谷园的北侧有一条与之平行的小巷，叫小营巷，它的东端始于直大方伯，西端连接马市街。

清朝道光年间，富户顾鸢之在小营巷与马市街相接处建造豪宅，取名篁庵，即现在的小营巷58号。清咸丰十一年（1861），太平军攻入杭州后，镇守杭州的太平军主将听王陈炳文在杭州乡绅顾鸢之的宅第设立指挥部，人称听王府。由于清军围城日久，城内断粮，听王开仓济民，维护治安，并在宅第东侧的直大方伯筑台宣讲教义政纲，每天有成千上万人来这里听讲。后来，百姓把太平天国驻军营地叫作大营盘，把听王府所在地称为小营巷。

1958年1月5日，毛泽东主席到小营巷视察卫生工作，走进普通人家看望居民。从此，小营巷作为全国爱国卫生先进单位闻名全国。

小营巷现在是杭州市旧城风貌保护区，太平天国听王府被列为杭州市文物保护单位。巷内的小营公园原为明代浙江布政使应朝玉私家花园的一部分，现为居民晨练休憩场所。

小营巷的旧貌新颜（上：20世纪90年代　下：2020年）

永宁院巷

　　永宁院巷：东通马市街，西出皮市巷，因有永宁禅院得名。又有唐侯庙，祀唐时之李泌。

——钟毓龙《说杭州》

　　小营巷的西端隔着马市街，对面有一条小巷，它的东端始于马市街，西端连接皮市巷。巷内原先有一座永宁禅院，所以小巷就叫永宁院巷。

永宁院巷还和杭州的一位"老市长"有关，他就是李泌。

李泌（722—789），祖籍辽东，从小聪颖，被视为"神童"。唐玄宗李隆基听说后想看看他有多聪明，就召他入宫，让正在和自己下棋的著名文人张说考考他。张说以"方圆动静"为题说道："方若棋局，圆若棋子，动若棋生，静若棋死。"年仅7岁的李泌思考片刻，不紧不慢地对道："方若行义，圆若用智，动若骋才，静若得意。"李隆基听了十分赞赏，把李泌抱在怀里疼爱有加。李泌长大后，担任待诏翰林，起草诏令，议论时事，被封为邺县侯，世人称他李邺侯。

李泌性格刚直，在官场上屡遭排斥，他便潜心苦修道家方术。有一天，他在山中寺庙里过夜，夜深人静时，听到有僧人还在念经，起身一看，是一个在庙里干杂活的和尚，平时吃些剩饭剩菜，然后就在角落里睡觉，人们不知道他的姓名，都叫他懒残。李泌心想，这一定是位得道很深的禅师。

一个寒冬的夜晚，李泌去找懒残，看见他冻得瑟瑟发抖，用捡来的牛粪烧火取暖，吃烤熟的芋头充饥。李泌一声不响地跪在他前面，懒残只顾吃芋头，还骂他想要偷自己的东西吃。过了一会儿，他把吃剩的半个芋头递给李泌，李泌接过来吃了，懒残见了点头说道："看你诚心的样子，就许你以后做十年的太平宰相吧。"说完，拍了拍衣服上的尘土，扬长而去。

此言竟然成真。唐德宗李适继位后，仕途坎坷的李泌当上了宰相。在成为宰相前，他曾担任杭州刺史，任期只有四年，却很有作为。

杭州临海近江，潮水倒灌，饮水苦咸。李泌上任后，四处走访，了解民情，实地探查西湖水质，实施前所未有的改造城市供水系统的方案。他在城内不同地区开凿六口水井，分别叫相国井、西井、方井、白龟池、小方井和金牛池，在西湖的涌金门、钱塘门与六口水井之间挖暗沟铺设瓦管竹筒，将西湖的淡水引入城内六井，解决了市民用水之难。

此举造福一方，得到市民交口称赞，后任的两位"市长"也给予很高评价。同样担任过杭州刺史的白居易在《钱塘湖石记》中写道："（杭州）郭中六井，李泌相公典郡日所作，甚利于人。"担任杭州知州的苏轼在《乞开杭州西湖状》中是这样写的："杭之为州，本江海故地，水泉咸苦，居民零落。自唐李泌，始引湖水作六井，然后民足于水，井邑日富，百万生聚待此而后食。"

解放路上的相国井

饮水思源，杭州百姓为了感谢李泌，在他居住的永宁院巷建了唐侯祠，用来祭祀这位仁政惠民的李邺侯。

南宋淳熙十一年（1184），人们在浣纱河边修建相国寺，用来祭祀李泌，并在相国井上盖了亭子。浣纱河上的一座石桥叫作井亭桥，1973年填河建路，桥被拆除。李泌挖的六口水井，现在只剩下相国井，位于解放路与浣纱路相交处西侧，井圈用整块汉白玉石料凿成，是杭州市重点文物保护单位。

宰相府里蝙蝠红——清吟巷

> 清吟巷：北起杨绫子巷，南折西连下华光巷。……亦名清宁巷，宋皇城司、亲从、亲事指挥营在此。清吟殆亲营之讹。据传，巷本在今清吟巷之南，清光绪时体仁阁大学士王文韶于此大造宅第。
>
> ——杭州市地名委员会办公室编《杭州市地名志》

从永宁院巷西端巷口走出，就到了皮市巷。皮市巷是一条与马市街平行的小巷，南端起于解放路，北端连接庆春路。南宋时，这里开设皮具作坊，经营皮货生意，所以叫皮市巷。巷内建有存储皮革制品的御用仓库富藏库，仓库后来改为元帅庙，因库庙常会散发难闻的硝皮加工气味，民间有"活臭倒弄（杭州话，很臭的意思）皮元帅"一说。

沿皮市巷往北走不多远，有一条与之相交的路，叫清吟街。南宋时，赵构在凤凰山麓建造皇城（俗称大内），并在丰乐桥一带驻扎亲从指挥营和亲事指挥营，二营分别承担皇城守护和宫殿巡逻任务，称作亲营，后因发音相近，这里就叫清吟巷了。

清吟巷原先宽仅两米，一百米长，在这条幽深的小巷里，留存着一座名人豪宅，流传着一个神奇传说。

清吟巷 10 号是一个普通的石库墙门，原先是豪门贵族的宅邸，主人姓王，早在清朝康熙年间就住在清吟巷，后来家道衰落，宅邸萧条。王氏后代有一个叫王文韶的，成为光宗耀祖的人物。

王文韶（1830—1908），仁和（今浙江杭州）人。他从小顽皮，无心读书，常和小伙伴玩赌博游戏，输了钱就把家里的东西拿去还赌债。有一次，临近过年了，很多人到他家索要赌债，父亲靠开酱油店维持生计，本不富裕，看儿子这样不学好，自然生气，却并不打骂儿子，

上：20 世纪 90 年代的皮市巷　　下：王文韶故居

而是把准备过年的鸡鸭鱼肉拿去抵债。春节这几天，王文韶看到别人家吃鱼吃肉，鞭炮震耳，自己家素菜淡饭，冷冷清清，才知道自己错了。他悔恨交加，把赌具扔到河里，决心洗心革面，努力求取功名，光宗耀祖。

王文韶从此发奋读书，清道光二十八年（1848）考中秀才，三年后考中举人，第二年又考中进士。走上仕途后，因治政得力，王文韶被左宗棠和李鸿章举荐，先后任湖北按察使、湖南巡抚、兵部左侍郎、云贵总督、体仁阁大学士等职。他为官多年，为国为民做了很多有益的事，例如开办学堂，兴修水利，整顿水师，辅助新政，备受朝廷器重。

1900年，八国联军长驱直入，北京危在旦夕。惊慌失措的慈禧召见文武百官急商对策，大臣们想的是如何自保，最后来上朝的只有三人。慈禧眼看大势已去，只得带着光绪皇帝逃出京城。

国家危难之际，最后到朝廷来的那三个人，有一个就是时任军机大臣的王文韶。

王文韶见皇上带领大臣和侍从一路西去，急忙赶到军机处取来玉玺，徒步拼命追赶，一直追到第三天，双脚都走肿了，才在怀来县追上队伍。慈禧看到这位71岁的老臣风尘仆仆、竭诚效忠的样子十分感动，解下身上的一块价值连城的佩玉赠给王文韶。

王文韶担任湖南巡抚时，他在同族先祖王乃斌写的《红蝠山房诗钞》里看到一段记述：一天夜里，作者梦见在杭州清吟巷祖宅里，有五只红蝙蝠围绕房梁上下飞舞，醒来后对人说起此事，都认为"蝠"与"福"同音，这是吉兆，祖上托梦，家族兴旺指日可待。

王文韶小时候并未在清吟巷的祖宅里住过，作为王氏后代，要为光宗耀祖而尽力，这个愿望伴随他走南闯北。到京城当上体仁阁大学士（即宰相）后，享有优厚俸禄，终于有了实现夙愿的机会，红蝙蝠梦飞老宅的传说更让他欲罢不能，于是在清吟巷买下大片地产，花费巨资修建大学士府。

新建的府邸占地20亩，门厅悬挂蓝底金边蟠龙的"太保大学士第"匾额，府内建有退圃园、红蝠山房、藏书阁，楼阁错落，曲廊相连，厅堂敞阔，花径幽深，既富贵气派，又清幽典雅，民间称它大学士府，也叫宰相府。

清光绪三十三年（1907），作为最后一位杭州藉的宰相，王文韶退职回到祖宅养老，可惜才住一年就去世了，享年79岁。

岁月流逝，大学士府已经风光不再。后来宅院住进多户居民，一部分改为清吟巷小学，只有上下三层的藏书阁还在，重檐翘角，雕花勾栏，明清建筑风格犹存。

清吟街

光阴无情，老宅有幸。2000年，大学士府被列为杭州市重点文物保护单位，现存5000平方米，2007年修缮一新。幽深的清吟巷也已拓宽成宽阔的马路，与相接的杨绫子巷统称清吟街，东端与直大方伯连接，西端与中河中路相交，车流穿梭，不再清静。

延伸足迹：大塔儿巷

塔儿巷：有大小之分。大塔儿巷东出皮市巷，西出华光巷。小塔儿巷南出丰乐桥街，与大塔儿巷成丁字形。宋时有觉苑寺，寺中有塔曰城心塔，居郡城中心之意。巷以塔名。

——钟毓龙《说杭州》

春日，飘着雨丝的杭城缠绵而温润，撑一把伞在小巷里漫步，可以品味江南古城独有的情韵。杭州城里有一条"雨巷"因为与一位著名诗人有特殊情缘，从而另有一种意境。

它，就是大塔儿巷。

大塔儿巷位于清吟巷南侧，两条巷平行并列，东端始于皮市巷，西端连接中河中路。

90多年前一个飘着细雨的日子，住在这条小巷里的一位少年，撑着一把油纸伞，沿着大塔儿巷前往皮市巷的宗文中学（后曾改为杭州第十中学）读书。悠长的小巷，寂静的墙门，缠绵的雨丝，朦胧的人影，让他浮想联翩，又感到迷惘惆怅，后来他就把这种想象和情绪写成诗歌，题目叫《雨巷》：

撑着油纸伞，独自

20世纪90年代的大塔儿巷

宰相府里蝙蝠红——清吟巷

> 彷徨在悠长、悠长
> 又寂寥的雨巷,
> 我希望逢着
> 一个丁香一样的
> 结着愁怨的姑娘。
> ……

这首诗在《小说月报》发表后广为传抄。也许是因为表现了少男少女朦胧柔美的暗恋情愫,也许是因为表现了那个时代的青年执着追求和孤独迷失的矛盾心态,这首低吟着"雨的哀曲"的诗歌,成为中国现代派诗歌的代表作之一,作者也因此获得"雨巷诗人"的称号。

这个少年就是后来享誉中国文坛的戴望舒。

戴望舒(1905—1950),浙江杭州人,中国现代著名文学家。他出生在大塔儿巷,在曲曲弯弯的小巷里度过少年时代。中学毕业后考入上海大学文学系就读,后留学法国,担任过报刊主编和大学教授,1950年病逝于北京，享年 45 岁。这位才子一生创作和翻译了很多作品，可留给读者印象最深的，还是他在大塔儿巷获得独特灵感和浪漫情怀而创作的《雨巷》。

光阴荏苒，大塔儿巷经历几多风雨，早已物是人非。现在经过"雨巷"时，仍然会有人默默地回味将近 100 年前在这里留下的缠绵诗句——

像梦中飘过
一枝丁香地，
我身旁飘过这女郎；
她静默地远了，远了，
到了颓圮的篱墙，
走尽这雨巷。
在雨的哀曲里，
消了她的颜色，
散了她的芬芳
……

江桥渔火第一香——香积寺巷

> 香积寺：在湖墅江涨桥北，始建于宋太平兴国三年，大中祥符间改名香积寺，其地即名香积寺巷。寺内有清康熙时所建石塔，至今犹在。
>
> ——钟毓龙《说杭州》

大兜路位于江涨桥和大关桥之间，南端起于霞湾巷，北端通往大关路。江涨桥横跨大运河，旧时钱塘江涨潮，江水涨到桥畔，桥名由此而来。从宋代开始，这里就是拱宸桥码头来往城内的主要通道，舟船穿梭，渔火如星，米行蟹市，货栈林立，成为城北重要的贸易中心，也是"十里银湖墅"的中心区域，清人称为"江桥渔火"，是"湖墅八景"之一。如今，大兜路已改建为步行街，成为人们的休闲游览之地。

沿着大兜路往北走不多远，就到了香积寺巷，这条小巷的西端始于大兜路，东端延伸到长浜路，曾经名列杭州城外三大寺之首的香积寺就在这里，小巷因此得名。

香积寺建于北宋太平兴国三年（978），初名兴福寺，北宋大中祥符年间，宋真宗赵恒赐额"香积"。寺庙在元末毁于战乱，明洪武四年（1371）重建。关于这座寺庙的来历，老百姓也有自己创作的故事。

大兜路

　　北宋末年的一天，在杭州城北的半山，一位姓倪的农家姑娘正在山上松树林里耙树枝作柴火，俗称耙松毛，看到一个人惊慌地跑来，上气不接下气地说："姑娘，金兵在追我，快救救我！"姑娘对入侵中原烧杀劫掠的金兵十分痛恨，叫他赶快躲进筐子里，上面盖满松枝。她看到金兵追了过来，就用竹耙将沙土扬向空中，尘土弥漫，金兵看不清前方，只得掉头回去了。

　　金兵走后，那人感谢姑娘的救命之恩，说自己是皇帝，以后一定接她到皇宫里做贵妃娘娘。

　　原来，这个人就是宋高宗赵构，他被金兵追赶，一路南逃，幸亏农家姑娘相救才保全一命。

　　赵构在杭州安顿下来后，却把这事忘了，而人们听说姑娘已被皇帝封为贵妃，没有人家再敢娶她，姑娘孤苦度日，不久就病故了。村里人都说："姑娘一把黄沙救了皇帝的命，皇帝一句话却害了姑娘一条命。"姑娘死后，村里人在半山为她造了一座庙，就叫半山娘娘庙。

民间传说还有一个版本，说赵构逃到半山的一个岔路口慌不择路，就向在河边洗衣服的一位姑娘求救，姑娘伸手指着右边的一条小路说："你快从这边走！"赵构急忙朝右边的小路跑去，姑娘从地上抓起一把把沙土撒向空中，风卷扬尘，路口一片混沌。

金兵追到路口，被沙尘迷了眼，看不清前面的路，就问姑娘是否看见一个人从这里跑过。姑娘镇定地回答："没看见。"金兵就向右边的小路追去。姑娘一见急了，连忙叫住金兵，说："刚才好像是有一个人先向这条路跑去，后来又转身往左边的小路跑去了。"金兵将信将疑，威胁道："你胆敢骗我们，回来就立马杀了你！"说罢，掉转马头朝左边追去。姑娘知道金兵追不到那人，回来一定不会饶过自己，她无路可逃，就投河自尽了。

赵构做了皇帝后，派人到半山寻找洗衣姑娘，听说她为救皇上而投河自尽，便下旨册封她为"撒沙护国显应半山娘娘"，并建半山娘娘庙，民间又叫撒沙夫人庙。庙堂里供着半山娘娘塑像，每逢正月初三，赵构都要带文武百官来半山娘娘庙朝拜。

一天晚上，赵构在宫里恍惚又看到那位姑娘在洗衣服，赶忙上前，忽然云开雾散，金光万道，洗衣姑娘飞上天空，赵构伸手想拉住她，只抓住一只脚。这时，响起一声惊雷，赵构睁眼一看，自己身在金銮宝殿，并没有姑娘的影子，原来是在做梦。

巧的是，第二天地方官上奏朝廷，说城外一条小巷里，前天夜里突然一道亮光，雷声震耳，接着从天上掉下一块石头，形状很像女人的一只脚。赵构以为是天神授意，就在这条小巷建造了一座寺庙，取名香积寺，并把那块天外来石放在神像的莲台下面。

211

夜幕下的香积寺

　　故事虽有不同的情节和结局，但说的都是民女有恩于康王赵构。正因为如此，南宋朝廷后来恩准浙江女子出嫁时，可以像皇后娘娘一样凤冠珠翠戴满头，雕龙花轿坐上头，这也算是皇上有信于民的一种作为吧。

　　传说毕竟是传说，香积寺则是真实的存在，它历经风雨，几度兴衰，余"香"不断。

　　香积寺毗邻江涨桥，苏南浙北杭嘉湖一带的香客乘船沿运河到杭州，前往灵隐寺和天竺山进香，香积寺是

江桥渔火第一香——香积寺巷

　　登岸进城必经的第一座寺庙，因此是烧头道香的地方，故称这里是运河第一香，民间又叫"香火头道门"。

　　每年农历二月春暖花开时，杭州举行西湖香市，码头停满船只，进香者多为同村的老年妇女，背着黄色香袋，在"香头"带领下，成群结队到香积寺求神拜佛，祈愿保佑农家桑蚕多产，五谷丰登。这已成为一个民俗节日，香客们烧香拜佛与踏青观光、游乐购物结合，庙前寺中，人群熙攘，香烟缭绕，烛火长明，一直延续到农历五月端午节。

香积寺的大门前，东西两侧各有一座高约 12 米的石塔，建于清康熙五十二年（1713），塔身八面九层，第三层东面悬匾，上刻"慈云"二字，下有须弥座，用汉白玉石雕凿，形状如木结构楼阁。东塔毁于 1968 年，西塔幸存，被列为浙江省和杭州市重点文物保护单位。

2009 年，在香积寺原址西侧重建香积寺，寺庙建筑均用铜材，门前仿照西塔原型重建一座石塔，还原了一寺双塔的原有风貌，成为国内唯一主供大圣紧那罗（"紧那罗"意为"音乐天""歌神"，是佛教天神"天龙八部"之一）王菩萨的寺庙。

如今，千年古寺香火又旺，游人如织，作为杭州城北最大的佛教旅游景点，昔日的"杭州运河第一香，湖墅市井风情地"，胜景重现，风情依旧。

延伸足迹：霞湾巷

霞湾巷：西起大兜路南端，东至吴家石桥。……明称衙湾巷……后音讹为霞湾。名始于清。
——杭州市地名委员会办公室编《杭州市地名志》

香积寺巷的南侧有一条与之平行的小巷，叫霞湾巷，西端始于大兜路，与江涨桥相接，东端通往胜利河边的章庵弄。这条小巷明代称衙湾巷，俗称牙湾巷，"衙"和"霞"在杭州方言里发音相同，到了清代就叫霞湾巷了。

霞湾巷临近河湾，民居密集，是城北著名的水产品交易市场。这里渔船衔接，摊铺相连，海鱼河虾，买卖兴隆。每年秋天入夜，鱼市更是灯火通明，人声鼎沸，生意尤其闹猛，新鲜上市的螃蟹肉壮膏黄，买家成串拎回家，或者煮熟蘸姜醋，或者浸酒做醉蟹，都是杭州百姓餐桌

霞湾巷的旧貌新颜（左：20世纪90年代　右：2020年）

上的最爱。清代诗人魏标在《湖墅杂诗》里这样写道：

秋晚牙湾贩海鲜，蟹舟衔尾泊淮船。
团脐紫爱香浮屑，酒瓮藏留醉隔年。

老底子的霞湾巷不仅弥漫着鱼腥气，也充溢着诗画味，这里还有一位著名的诗人和书画家的故事。

康熙8岁时，有一天，他在宫廷里玩耍，看到主管钱物的户部尚书陈廷敬走过来，就对他说："陈大人，给我一些钱玩玩吧。"陈廷敬说："我手头没有钱，等领了俸禄再给你。"康熙听了很不乐意："你的俸禄哪里够我玩的，你从国库里给我拿个三五万两银子不就行了。"陈廷敬回道："朝廷有规定，国库的银子谁也不能挪用，为臣岂敢给你啊！"康熙生气地叫道："明明是觉得我没有亲政才不愿给我，等我亲政后就砍你的脑袋！"六年后，康熙亲理政事，对担心被砍头而多次请辞的陈廷敬说："那时我年少不懂事，是先生做得对啊！"

此事可否当真，无从确考，而这位当过康熙皇帝老师的陈廷敬，倒真是一位刚直不阿的良臣，不过他也曾经"附和"过皇上。有一次，一位官员被朝廷任命为少宰兼掌院，前来热河（今河北承德）感谢皇恩。康熙皇帝听闻他擅长写诗，就令其呈上一阅。这位官员呈上所写的《文光果》一诗，康熙皇帝读后连连点头，十分赞赏，便乘兴挥笔，与之和诗一首，其中有"丛香密叶待诗公"一句，受到满朝高官推崇，就连不愿一味奉承的文渊阁大学士陈廷敬也作诗应和，可见《文光果》一诗写得确实好。这位官员被皇上称为诗公，自然更负盛名，众人也都叫他诗公了。

这位诗公就是清代著名诗人和书画家汤右曾，当年曾在霞湾巷住过。

汤右曾（1656—1722），字西厓，仁和（今浙江杭州）人，年少时勤奋苦读，初试落第，锲而不舍，终于考中进士，官至吏部右侍郎。他诗才横溢，书画皆佳，是浙中诗派的代表诗人。后人有感于他的勤勉精神，在他住的衖湾老屋的石壁上刻有"汤西厓读书处"，可惜未能留存至今。

霞湾巷位于胜利河与运河交汇处，水路通达，漕运方便，这一带曾开设多家米行粮仓。

香积寺巷的北侧有两条平行的弄堂，分别叫仁和仓南弄和仁和仓北弄，明正统六年（1441），巡抚周忱在这里建仁和县便民仓，用来收购储存粮食，需要时用船北运，调拨给京城和军队。其间难免官商勾结，贪腐成风，民间有诗这样描述："重门静锁不轻开，兵饷官粮逐渐裁。可惜年年饱仓鼠，饥民能吃几颗来？"

霞湾巷南侧还建有著名的富义仓，古代有"北有南新仓，南有富义仓"之说。清光绪六年（1880）十二月,浙江巡抚谭钟麟为解除杭州市民的粮食之忧,发动士绅购粮十万石储存于粮仓,因旧有粮仓储存不下,故耗白银一万一千两,购买十亩土地新建仓库,于光绪七年(1881)七月建成,取名富义仓。富义仓有粮仓八十间,每间约二十平方米,并有去壳舂米的作坊,可储存四五万石谷物,供百姓购粮,备灾年之需,成为江南谷米的集散地,进贡朝廷的粮食也从这里北运京城。

2007年,富义仓按原貌修复,是杭州现存唯一的清代运河航运仓储建筑,被列为全国重点文物保护单位。

上:富义仓　下:胜利河美食街

仁和仓早在 1951 年就改建为大型厂丝储备仓库，现被列为杭州市历史建筑。富义仓和厂丝储备仓库作为历史遗存，为今人展示着我国的漕运仓储文化。

2009 年，霞湾巷拓宽成街，东端延伸至上塘路，该巷东段沿胜利河新建胜利河美食街。晚上，灯火相连，餐馆飘香，人们纷至沓来，既可临窗观赏运河夜景，又可品味海鲜美味杭帮菜肴，这里成为杭州市民青睐的休闲美食场所。

卖鱼桥

> 卖鱼桥：宋时称归锦桥，明仍之，因其地为旧时鱼市所在，故俗称卖鱼桥。桥跨老余杭塘河，余杭塘河自西向东注入运河。
> ——马时雍主编《杭州的街巷里弄》

霞湾巷的西端与江涨桥相接，江涨桥东端与湖墅北路相交处就是卖鱼桥，这座桥横跨老余杭塘河。这里水路交汇，码头相连，船运方便，鱼市聚集，老底子说的"百官门外鱼担儿"就是这块地方，后来人们就叫它卖鱼桥了。

卖鱼桥最早建于何年已无从查考，后多次重建。因它位于"十里银湖墅"的繁华中心，所以对老杭州人来说，卖鱼桥不仅是一个桥名，而且是一个知名度很高的区域名称，它指的是江涨桥、信义巷、草营巷和霞湾巷这一带地方。

传说很久以前，有个年轻人在卖鱼桥边以卖鱼为生，他为人忠厚，价钱公道，从不短斤缺两。鱼行老板见他老实可欺，给他的鱼常掺有很多死鱼，刚拿回来就发臭了，不仅没人来买，还要亏本。

有一天，一个走路一瘸一拐的人来到桥边，实在走不动了，就坐在年轻人的鱼摊旁边。他衣衫破旧，脚上长满了疮，创口用树叶贴着，皮肤已经溃烂，散发着难闻的气味，路人叫他烂脚佬，经过这里都避之不及，年轻人的鱼更没人买了。

年轻人看这个烂脚佬十分可怜，就把身上仅有的一点钱给了他，说："这桶死鱼也都给你，多少换点钱，赶紧寻郎中把脚病医好吧。"烂脚佬连声道谢，拿着死鱼吃喝起来，等了半天也无人问津，年轻人无奈地准备收摊回去。这时，烂脚佬说道："且慢！"只见他从烂脚上揭下一片树叶放进桶里搅动几下，嘴里叫着："快来看，死鱼变活鱼喽！"路人好奇地围上来看，鱼果然动了起来，不一会儿就都活蹦乱跳的，大家以为这是能起死回生的神鱼，争相购买，很快桶里就只剩那片树叶了。年轻人想把卖鱼的钱给烂脚佬，却不见了他的身影。

从这以后，年轻人卖鱼时，用那片树叶在桶里划几下，死鱼又变得鲜活了。鱼行老板听说后，心想这可是生财之道，便带人来到桥边要抢走那片树叶。他们踢翻鱼桶正要抓到树叶时，忽然刮来一阵大风，树叶就像长了翅膀一样飞了起来，鱼行老板赶紧伸手去抓。树叶越飞越高，人们抬头一看，只见天空出现一个仙人，一手拄着拐杖，一手拿着树叶飘然而去。有人说那就是八仙之一的铁拐李，鱼行老板吓得连连叩头。

从这以后，鱼行老板再也不敢欺负那个年轻人了，年轻人照旧在桥边卖鱼，前来买鱼的人特别多，卖鱼桥发生的故事也流传开来。这个故事包含的不仅是"好人得好报"的寓意，而且也在告诫着人们，无论是卖鱼小贩还是商业巨头，善良为根，诚信为本，才是经商之正道，致富之秘诀。

留得信义身后名——信义巷

信义巷：东起湖墅北路南段，与江涨桥相对，西至莫干山路中段与余杭塘路相对。……《湖墅小志》卷三："护堂巷，一名信义巷，巷内陆姓家住最久……主人陆冰，乾隆己亥举人，官江西新昌县，有政声，居官不积一钱，或问之曰，我为清白吏耳。"信义之名由此而来。

——杭州市地名委员会办公室编《杭州市地名志》

　　卖鱼桥的西侧有一条小巷，叫信义巷，它的东端连接湖墅北路，隔着江涨桥与霞湾巷相对，西端通往莫干山路。这条小巷宽仅3米，巷名却有着沉甸甸的分量，这就要说到一位名叫陆冰的清代官员了。

　　清朝乾隆年间，陆冰勤奋苦读，应试中举，被任命为江西新昌县令，按官场惯例，可坐四人大轿前往码头登船前往。陆冰却不愿享受这种待遇，给了轿夫一点辛苦费，说道："码头不远，步行即可，就不劳各位了。"

　　陆冰到新昌上任时，正遇大旱，庄稼歉收，饥民走投无路，只得到龙王庙里烧香求雨，而米店却抬高粮价，或存米不售。陆冰速报朝廷要求免征赋税，开仓分粮，当地的米店老板仍然我行我素。赈灾就是救命，刻不容缓，陆冰心急如焚。

信义巷的旧貌新颜（上：20世纪90年代　下：2020年）

　　这天，所有的米店老板接到县衙役告知，县太爷陆冰邀请他们去龙王庙赴宴。老板们高兴地来到龙王庙前，只见酒桌上没有鸡鸭鱼肉，只放着一锭银子，旁边的一口大锅里正冒着热气，走近一看，煮的是黑乎乎的野菜、树皮。老板们正在纳闷，只见陆冰向他们拱手作揖，说道："大灾当前，龙王在上，特请诸位商议共渡难关之计，本官理当以身作则，捐出一月俸银，赈灾济民。"

　　老板们面面相觑，再看看桌上的一锭银子和满锅的野菜树皮，自感羞愧，有人带头捐出银两，其他人也都纷纷表示马上给灾民捐粮送米。

灾情缓解后，陆冰发动百姓兴修水利，开垦荒田，扶贫济困，造福一方。离任时，自己却两袖清风，没有存下一文银钱。

陆冰退离官场后，在霞湾巷购得一处宅园，在这里居家养老。这个宅园是清代文人王晫的故居，取名梭山草堂，宅内假山叠翠，花径蜿蜒。故居主人王晫，字丹麓，钱塘人，喜欢踏青野外，独坐溪边，聆听风过松林之声，所以又自称松溪子。他考中秀才后，淡泊仕途，隐居草堂，闭门读书，工于诗文，同时喜交名士，为人注重信用，承诺之事从不爽约，被称为杭州"北门四子"之一。他撰书多本，尤以《今世说》8卷对后世最有影响，该书仿效《世说新语》的体例，采录清代文人名士的言行逸事，被收入《四库全书总目》。

住进梭山草堂的陆冰与草堂原主人王晫有着同样的做人格局。他为政廉洁，严于律己，有人问他为何如此做官，他回答说"我为清白吏耳"，认为丰厚的家产如果留给贤明的子孙会损其志向，留给不贤明的子孙会让其多犯过失。人们听闻陆冰的作为，无不对他诚信守义的品德感佩赞颂，于是就把他住的小巷叫作信义巷。

现在，信义巷经过开发改建，北侧为住宅小区，南侧为商业步行街。小巷虽已不存，信义自当延续，这也是这个地名留给后人的启示。

延伸足迹：珠儿潭巷

珠儿潭巷：东起湖墅北路南段，西至信义新村。……《湖墅小志》卷四："珠儿潭近贾家弄"，

"其地多池沼林园之胜。"……旧时湖墅八景"寒潭雁影"即在此。此巷于1959年建成，巷以潭名。
——杭州市地名委员会办公室编《杭州市地名志》

信义巷的中段有一条小巷与之相交，这条小巷叫珠儿潭巷，东端起于湖墅北路，西端连接信义巷。此处临近运河，古时商船云集，米市兴隆，也是湖墅八景之一的"寒潭雁影"所在地。

传说杭州城西的狮子峰上有一头雄狮，常下山伤害村民，百姓闻之色变。山下村子里有一个叫龙泓的泉池，与海相通，井里有一条龙，人们把泉池叫作龙井。这条龙要为民除害，飞到山上跟狮子搏斗，一时吼声震天，地动山摇。狮子打不过龙，跑到山洞里躲藏起来，龙追到洞里，狮子见没了退路，猛扑过来，用锐利的爪子抓住龙头。龙的两只晶亮的眼珠被抓了下来：一只眼珠落在仙姑山的清涟寺里，成为一方泉池，人称玉泉；一只眼珠落在城北的拱墅区，留下一个方潭，人称珠儿潭。

这当然是神话传说，玉泉后来成为著名的西湖景点，为人熟知，而珠儿潭则很少有人知晓。它深藏于杭州的一条小巷，清澈见底，久旱不竭，更奇妙的是，每当下雨，会有水珠从潭底冒出，如成串珍珠翻涌而上，连绵不绝，附近居民常来取水观景，就把这条小巷叫作珠儿潭巷。

清代时，一位姓范的商人经营米市致富，在珠儿潭巷建宅，将水潭置入庭院中，珠儿潭便成了私家宅园的景观。有一个名叫张洵的人从小在巷子里长大，清朝咸丰年间考中进士，后来担任翰林院编修，他对珠儿潭喜爱有加，赞叹"独有斯潭朗如鉴，照彻万类呈妍媸"，并在《珠潭歌》里这样描述晶莹灵动的潭珠：

20世纪90年代的珠儿潭巷　　　珠儿潭

　　　　大珠何累累,小珠何离离。
　　　　珠跳若雨点,珠散随风漪。

　　1861年,太平军攻克杭州,张洵的妻儿死于战乱,母亲不久亡故。在外地任职的张洵赶回杭州故居,徘徊于珠儿潭边,睹物思人,百感交集,写下《绝命词》后投珠儿潭自尽。

　　清朝咸丰年间,江苏江浦县令凌燕庭退休后来到杭州,为珠儿潭的奇妙景观所吸引,买下范家宅园,安享晚年,他的女婿就是清代著名藏书家丁丙,著有全面介绍杭州人文地理的《武林坊巷志》一书。丁丙常来这里临潭观珠,想到先贤张洵在此投水自尽,不禁写诗感慨道:

　　　　张公清节近珠潭,咳唾成歌采笔涵。
　　　　誓向白云堆里殁,杜鹃飞北不飞南。

凌燕庭去世后，丁丙在潭边建凌家祠堂，常来这里奉祀凌家父辈。潭水依旧，物是人非，他也许想起了《菜根谭》里"雁度寒潭，雁去而潭不留影"的名句，也许有感于潭冷叶落，孤雁哀鸣，就在祠堂悬挂一块匾额，上写"寒潭雁影"，于是，"寒潭雁影"便成为"湖墅八景"之一。

如今，小巷已建成住宅小区，珠儿潭得以留存，石栏相围，游鱼隐现，方池依旧，只是不见碧珠泛起。

江郎梦笔有真才——江寺路

萧山老城区以前叫城厢镇，这座有着千年历史的古城，河道蜿蜒，石桥众多。城河（也叫萧绍运河）由西向东穿过全城，无数光阴从这里经过，河上的老桥承载着丰富多样的市井文化，桥下的河水流淌着色彩斑斓的民间传说。

毗邻城河的江寺路上，就有这样的一座桥，叫梦笔桥。

相传古时有一个少年，天资聪颖，6岁就能写诗，被人称为"神童"，他梦想成为辞赋家。有一天，他在梦中遇到一个老人，讲述了自己的梦想，老人送给他一支笔，说用这支笔可以写出精美的诗文。少年醒来后，看到床边放着一支五彩笔，赶忙到桌前研磨展纸。说来神奇，他的笔触到纸张，再不像以前绞尽脑汁都想不出妙语佳句，而是文思如泉，源源不断，写完一读，果然文情并茂，辞章华丽，可谓"梦笔生花"。从此，少年下笔如有神，所写诗文广受推崇，名扬四方，人称"江郎"。

江郎长大后走上仕途，却文思枯竭，再也写不出脍炙人口的诗文来。有人说他"江郎才尽"，江郎说自己在回乡途中投宿冶亭，晚上做梦又见到那个老人，老人对他说："我的生花妙笔给你用了多年，现在应当还我了。"他只得把那支笔还给老人，这以后他用再昂贵的笔也写不出精妙诗文了。

这位江郎就是南朝著名的辞赋家江淹，"江郎才尽"这个成语由此而来。那么，这个老人又是谁呢？此人非等闲之辈，他就是东晋著名的辞赋家郭璞。

郭璞（276—324），河东郡闻喜县（今山西闻喜）人，年少即博学多识。他曾向一个叫郭公的人拜师学习，郭公送他九卷《青囊中书》，他由此精通阴阳八卦，擅长风水占卜，人称"郭仙"。后来，他的门人赵载偷走《青囊中书》，谁知还没来得及读一页，书突然自燃，烧成了灰烬。

西晋末年，20岁的郭璞来到建康（今江苏南京）躲避战乱。一天，他在后湖（今玄武湖）散步，看到几个少女在湖里划船采菱，小船突然倾覆，站在船头唱歌的少女落入水中拼命挣扎，郭璞来不及脱衣服，急忙跳入水中将她救起。少女的父母感激不尽，邀郭璞到家里换了衣服。郭璞告辞时，少女送到门口，对他说："请先生千万珍重。"

十年过去了，郭璞在镇东大将军王敦手下任记室参军。王敦想篡夺皇位，要郭璞给他算卦占卜。郭璞来到王府，看到一位女佣觉得面熟，女佣趁周围没人，悄悄对他说："请先生千万珍重。"郭璞这才想起，原来她是自己当年救的那位少女。这时，传来脚步声，女佣急忙退出去了。

王敦进来后，说："有一位道人说我有天子之相，你给我占卜看看究竟如何？"郭璞直言劝阻，说卜的是凶卦，起兵谋反必败，如果不这样做则寿长不可限量。王敦听了大怒，问道："你知道你的寿命有多长吗？"郭璞想起刚才女佣"请先生千万珍重"的嘱咐，答道："时不过正午。"果然，王敦就在当天下令将郭璞押往玄武湖处死。郭璞走向刑场途中，对人说道："我必死在两棵柏树之下，树上有个喜鹊窝。"到了行刑之地，果真有两棵柏树，树枝间有一个喜鹊窝。郭璞就这样被杀害了，时年49岁。

王敦后来谋反失败，晋明帝视郭璞为抗节不屈的第一忠臣，为他建坟立碑，但遗体无处可寻，那位女佣拿出郭璞当年救自己时换下的衣冠，将其葬在墓中。每年清明节，人们都能看到这位女子来玄武湖边祭奠郭璞。

还有一个说法更为神奇。传说郭璞在经过越城时路遇一人，他把自己的衣服送给那人，那人觉得奇怪，郭璞说："只管拿去，日后自会有用。"几年后，行刑者正是那个人，他把郭璞送的衣服葬在墓中。

不论是哪种传说，玄武湖畔郭璞的衣冠冢至今还在，又叫郭仙墩，被列为南京市市级文物保护单位。

郭璞不仅能卜会算，还开创了中国游仙诗体，所作词赋被称为"中兴之冠"，在中国古代文学史上独树一帜，足见文才之高。不过，说江淹是借郭璞之笔才写得一手好文，倒是冤枉了这位江郎。

江淹（444—505），宋州济阳考城（今河南商丘）人，生于南朝，家境贫寒，13岁失去父亲，他好学苦练，文笔颇佳。20岁走上仕途，曾任建平王刘景素的秘书，被人诬告贪污受贿，他在狱中写了申冤信，情感真切激昂，文字洋洋洒洒。刘景素阅后叹服不已，心想能写出如此好文章的一定不会是坏人，就把他放了，由此可见江淹的文笔确实了得。他的才华得到多位君王赏识，先后担任中书侍郎、尚书左丞、御史中丞等官职，还主编了国史。

让江淹闻名于世的并非卓越的政绩，而是突出的文学成就，他创作的辞赋以描摹悲情伤感见长，最有名的作品是《恨赋》和《别赋》，被誉为辞赋绝唱、传世佳作。

至于"江郎才尽"这个典故的由来，看来与江淹自己的一个说法不无关系。《南史》中记载了这个说法，江淹说他担任宣城太守不久被解职，乘船回家时，停泊在禅灵寺附近的河边，夜里梦见西晋著名文学家张景阳对他说："我以前把一匹锦缎寄放在你这里，时日已久，可还给我了。"江淹只得拿出那匹锦缎，张景阳一看只剩尺余，生气地问道："怎么只剩这么一点？"然后转身对身边的丘迟说："剩下这点也无用场可派，就送给你吧。"这个丘迟后来成为南朝著名的文学家，而江淹自从没了那锦缎，就再也写不出佳作来了。

关于"梦笔生花"的故事也有多个版本，故事的主人公还有李白、李商隐等著名诗人。人们之所以把"江郎才尽"安在江淹身上，大概是感慨他在文学创作上的前后反差之大。其实，江淹的文才并非一日之功，更不是靠一支"神笔"就能成为辞赋大家，而是天才加勤奋所得。他人生坎坷，阅历丰富，方能吟诗作赋，抒怀言志，写出荡气回肠的篇章；中年以后周旋官场，生活安逸，少有创作激情灵感，自然才思减退，"江郎才尽"也是情理中事。

"江郎才尽"的故事不仅浓缩成中国的一个成语，也成为一个历史遗迹留存于世。

江寺路有一座江寺,也叫觉苑寺。江淹当年路经永兴(即萧山)时在此居住,南朝齐建元二年(480),他的儿子江昭玄为了纪念父亲,将旧居建成寺庙,宋代书法家张即之为寺庙题写"江寺"匾额,故称江寺,现为萧山区文物保护单位。江寺所在的路便叫江寺路,它的南端始于文化路,北端连接萧绍路。

江寺前的城河上有一座单孔石拱桥,这就是梦笔桥,也叫江寺桥。该桥始建于480年,1024年重建,为萧山区最古老的桥之一,也是萧山区文物保护单位。唐代诗人罗邺在《闻友人入越幕因以诗赠》里写道:"岸边丛雪晴香老,波上长虹晚影遥。正哭阮途归未得,更闻江笔赴嘉招。"诗中的"江笔"就是指江寺与梦笔桥。

江郎梦笔,古桥有幸,春去秋来,文人墨客漫步桥头,写下很多咏桥诗,其中有北宋文人华镇的诗作:

绿波照日情无奈,碧草连天恨未消。
欲向梦中传彩笔,柳丝低拂曲栏桥。

江寺前的梦笔桥

南宋开禧元年（1205），诗人陆游在梦笔桥下泊舟登岸时，也留下了咏怀诗句：

梦笔桥东夜系船，残灯耿耿不成眠。
千年未息灵胥怒，卷地潮声到枕边。

此外，还有诗人吴徐修的借景抒情诗：

离歌飘处伫诗骚，柳絮风轻月满桥。
一自江郎遗彩笔，萧然载梦到今朝。

2002年，为延续城市历史文脉，萧山区政府新建江寺公园，占地3万多平方米。园前古寺老桥对望，园内朱亭碧池相映。春去秋来，寺前的老树满枝吐绿，一地铺黄，围着保护石栏的梦笔桥静卧河上，向游客讲述着一个历久弥新的故事。

妆成只为家国情——西兴老街

在古代，滨江区的西兴街道是京杭大运河与钱塘江的重要水运枢纽，临江的西兴老街建有官员中转和公文传递的驿站，就是西兴驿，唐代叫樟亭或庄亭。古时人们来到这里，可登楼观潮，也可歇息住宿。历代多有文人过客在此挥洒笔墨，例如唐代诗人白居易在《宿樟亭驿》里这样写道：

> 夜半樟亭驿，愁人起望乡。
> 月明何所见，潮水白茫茫。

庄亭确是望乡之地，驻足此处，面对夜空明月，茫茫江水，会引发多少人对2000多年前一位"愁人"的无限怀想。

公元前485年的一个秋日，越国的鉴湖已是青山泛黄，秋水渐寒，伴着风吹芦叶的瑟瑟声响，一群南归的大雁从天空飞过，留下一路凄清的雁鸣回声。

在茫茫的江面上，一艘船慢慢驶来，停靠在铁陵关渡口，一群侍女随从簇拥着一位窈窕女子离船登岸，来到庄亭歇息。侍女们围在女子身边，为她梳头盘发，涂脂施粉，佩钗戴花，整衣理裙。梳毕妆成的女子更显妩媚妖娆，宛若天仙，周围的人们见了无不惊羡赞叹，可是女子却不见笑颜，而是面露一丝愁容。

这时，钱塘江潮水已退，随行的大夫说道："时辰已到，送皇姑娘娘启程喽！"顿时锣鼓敲响，角号悠扬，众人护送女子走向码头。沿路站满送行的人，他们都是住在附近的乡亲，从白马湖里挖了很多鲜嫩的莲藕送给女子，嘱咐她道："请收下乡亲们的心意，这些藕浸润着家乡的水，裹着家乡的土，皇姑娘娘远离故土，思念家人时多多食用。藕虽断，丝相连，水土服，身体安。"

女子登上木船，船解缆离岸，沿着钱塘江驶往吴国都城姑苏（今江苏苏州）。秋风瑟瑟，钱江水寒，女子的千般离愁万种别绪，化作泪水涟涟，她依依不舍地挥手和大家告别。船渐行渐远，女子一直依栏而立，面对渐渐模糊的故土和亲人，始终没有转身。岸上的人们伤心地和她告别，大家知道，皇姑娘娘是前往异国他乡，恐怕再也不能回来，可她此行不是为了自己的幸福，而是为了千千万万父老乡亲的安宁。

此情此景，让人想起"风萧萧兮易水寒，壮士一去兮不复还"的悲壮绝唱，不同的是，吟唱者不是一位壮士，而是一位弱女，是一位倾国倾城的绝色美女，她就是西施，那位领头相送的就是越国大夫范蠡。自那以后，西施登岸梳妆的庄亭，民间也叫梳妆亭或妆亭。

西施，春秋末期越国人，原名施夷光，出生于苎萝西村，所以又叫西施。历来对西施的出生地有不同说法，有的说是萧山，有的说是诸暨。据考证，两地都有苎萝村和浣纱溪，在古代，浦阳江的上游地区称上诸暨，下游地区称下诸暨，下诸暨在西汉时单独设县，叫余诸，三国时改称永兴，唐代改叫萧山。西施的故里位于下诸暨，即现在的萧山区域，古时则属诸暨范围，因此也有人认为西施是诸暨人。

西施出身贫寒，父亲靠卖柴养活家人，她从小帮母亲在浣沙溪边浣纱，村里人便叫她浣纱女。西施天生丽质，姿容秀美，与王昭君、貂蝉和杨玉环并称为中国古代四大美女，西施位居第一。人们形容她有"沉鱼"之容，就连心口痛时皱眉抚胸的样子也是楚楚动人，邻家丑女想要模仿变美却适得其反，从而有了"东施效颦"的典故。

公元前494年，吴王夫差击败越国，越王勾践被迫俯首称臣，给他养马，甚至为他尝粪诊断病情，夫差叹曰："亲如子，尚不及勾践也。"勾践就是这样受尽屈辱，终于取得夫差的信任被释放回国。他卧薪尝胆，励精图治，发展农业，训练精兵，并采纳大夫文种的灭吴计策，让相国范蠡在全国挑选美女，准备用美人计以柔克刚，报仇雪恨。

范蠡在全国各地遍寻美女，都未找到满意人选。他来到苎萝村，看到浣纱溪边浣纱的西施，惊叹她的美貌，便将西施送往京城，沿途人们争相围观，道路拥堵。头脑精明的范蠡向下传话："欲见美女，付钱一文。"众人为一睹西施倾国倾城的芳容，纷纷掏钱，一时观者如云，收银无数。范蠡回到京城后一文不留，全部交给国库。西施仰慕范蠡的才智和品德，这为传说中的两人日后生情埋下伏笔。

西施住在越国宫内，天天学习歌舞，研修礼仪，三年之后，终于练成仪态万千的国色天香，被越王勾践封为皇姑娘娘。勾践见时机成熟，决定把西施进献给吴王，于是出现了本篇开头描述的情景。

西施到了吴国后，吴王夫差被她的美貌倾倒，在都城建造春宵宫和馆娃阁，整日与西施泛舟戏水，骑马踏青。西施擅长"响屐舞"，夫差又建造"响屐廊"，下置百口大缸，上铺华贵木板，西施脚穿木屐，裙缀铜铃，翩翩起舞，铃声在缸内叮当回响，曼妙的舞姿和悦耳的音响，让夫差看得如痴如醉。

西施在博取夫差的欢心时，伺机向越国传递情报，离间吴王夫差和吴国大夫伍子胥的关系。有一次，越国向吴国借粮，夫差犹豫不决，西施向夫差进言："越国是大王的属国，越国的百姓就是大王的臣民，难道大王忍心让自己的臣民活活饿死吗？"夫差被说动了，下令借给越国十万石粮食。第二年，越国如数归还粮食，不料吴国播种后却颗粒无收，原来越国把这些稻谷都煮过了，用此计削弱吴国的实力。

夫差只知纵情享乐，不理朝政，拒绝忠臣伍子胥的苦劝，反而赐剑逼他自杀。伍子胥临死前，对门客说："把我的眼睛挖出置于东门之上，我要看着吴国是怎样灭亡

庄亭

的。"这话果然成真，九年后，勾践东山再起，打败吴国，夫差落得个亡国身死的下场。

当然，吴国的败亡是统治者的昏庸腐败所致，没有西施，吴国也难逃覆灭的命运。正如唐代诗人罗隐所言：

家国兴亡自有时，吴人何苦怨西施。
西施若解倾吴国，越国亡来又是谁？

西施之所以被人们传颂，是因为她在国难当头之际，忍辱负重，以身救国。唐代诗人王维称西施是"朝为越溪女，暮作吴宫妃"，无人知晓这位"吴宫妃"是怎样经受身处异国的孤独、伴君如虎的苦楚和思念亲人的煎熬。正是这位"越溪女"，帮助自己的国家实现了"乱吴宫以霸越"的目的，因此，比起身穿盔甲的武士，她堪称灭吴雪耻的一位功臣。早有人在西施祠写下楹联："越锦何须衣义士；黄金只合铸娇姿。"意思是并非只有越国的义士才能穿锦衣，黄金更应该为娇媚的西施铸像，这便是对西施在灭吴中所起作用的形象表述。多少年以后，人们来到西施去国离乡的庄亭，仍能看到风雨剥蚀的亭柱上所写的："若论破吴功第一，黄金只合铸西施。"

西施后来的归宿一直众说纷纭，有人说她被勾践溺水而死，有人说她自投江中，也有人说她重回故里终老家乡。民间更有关于西施和范蠡缠绵动人的爱情故事，说两人终成眷属，驾舟离开越国远游四海。这只是后人想象的理想结局，表达的是对这位忍辱负重献身家国的绝代美女的美好愿望。

2014年，杭州市政府将西兴老街定为历史文化街区。2400多个春秋过去了，在历经风雨的老街上，立于庄亭遗址的四根石柱就像四支香烛，祭奠着一位美丽而壮烈的女子；又像四个感叹号，表达着一种质朴而强烈的愿望——让一个绝色美女担负国家复兴的使命，西施实在难以承受其重，人们更愿意看到的是，一位清纯少女荷塘采莲、竹溪浣纱的身影，一位善良村姑月下幽会、儿孙绕膝的情景……

天理昭昭雪沉冤——澄清街

公元前222年，秦王朝就设立了余杭县，余杭县城即人们说的"老余杭"。县城很小，人称"四角方方一座城，一条横街九巷弄"，这条横街就是县前街，后人为纪念乡贤、国学大师章太炎而更名为太炎路。九条巷弄中最有名的是澄清巷，当年在这里曾经发生过一起惊动朝廷、举世关注的大案，这就是"清末四大奇案"之一的杨乃武与小白菜案。

晚清光绪年间，在余杭城南门外的准提庵里，一个尼姑闭目独坐，诵经念佛，敬香添灯，扫地掸尘，并在庵前空地种菜养鸡，就这样孤身一人，日复一日。知道她身世的人会告诉你，这个女子就是从鬼门关前走回人间的小白菜。

小白菜原名毕秀姑，是余杭仓前毕家塘人，长得身材高挑，白皙秀丽，平日喜穿绿色上衣，腰系白色围裙，一副江南村妇常见的打扮，邻里都叫她"小白菜"。她从小死了父亲，在一户姓葛的人家做童养媳，后来嫁给这户人家的儿子葛品连，随丈夫的姓，所以人们也称她"葛毕氏"。

夫妇俩在澄清巷向一户姓杨的人家租了一间屋子开豆腐作坊，杨家的二儿子叫杨乃武，知书识文，他生性耿直，好管不平之事，看到官吏收粮舞弊，欺压百姓，常为百姓写状申述，人们叫他杨二先生。毕秀姑有空就帮杨家干家务，杨家待她如同家人，杨乃武还教她识字读文，两人过从甚密，街坊便有"羊（杨）吃白菜"的闲言碎语。为避流言蜚语，小白菜和丈夫葛品连搬到太平弄口居住。

就在小白菜夫妇搬离杨家两个月后，葛品连的流火丹毒病复发，小白菜将东洋参和桂圆熬汤后喂丈夫喝下，不料葛品连病情加重，两天后去世。婆婆葛喻氏看到儿子口鼻流血，怀疑中毒而死，便向县衙报案。官府验尸后，把口鼻流血误断为七孔流血，认为葛品连死于砒霜毒杀，根据街坊早有小白菜与杨乃武"男女授受不亲"的传闻，将两人捉拿归案。这一年是清同治十二年（1873），杨乃武33岁，刚刚考中举人。

知县刘锡彤坐镇县衙审问嫌犯，小白菜一口否认谋害丈夫。刘锡彤喝令"大刑伺候"，衙役用竹棍用力夹住她的手指，小白菜痛得撕心裂肺，接连三次受刑，终于忍受不了严刑逼供，只得违心承认是杨乃武指使她用砒霜毒杀丈夫。

刘锡彤对为民主持公道的杨乃武早有积怨，为了置他于死地，徇私枉法，对杨乃武酷刑拷问。杨乃武多次昏死过去，拒不画供，刘锡彤竟篡改案卷，交由杭州知府陈鲁再审。陈鲁不做调查，照旧严刑逼供，并说小白菜已供认是受他指使，杨乃武最终屈打成招，说在仓前镇爱仁堂药局买了砒霜，让小白菜毒杀葛品连。爱仁堂药局老板钱宝生否认卖过砒霜，也不曾见过杨乃武，但经不起官府威胁，还是写下曾卖砒霜给杨乃武的证明。

蹊跷的是，钱宝生没等到与杨乃武同堂对质，就突然死在狱中。陈鲁依据《大清律例》，判杨乃武通奸杀人，斩首示众；判小白菜谋杀亲夫，用凌迟（最残酷的行刑法）处死。

杨乃武的姐姐杨菊贞和妻子詹彩凤不服判决，向浙江抚台上诉。刘锡彤怕劣行败露，以重金贿赂浙江巡抚杨昌浚，杨昌浚敷衍塞责，按原判上报刑部核准，待秋后行刑。

杨菊贞和詹彩凤四处奔走，求告无望，她们卖掉田产作为盘缠赴京申冤，"江南药王"胡雪岩闻之资助她们二百两银子。在十多位浙籍京官的同情帮助下，两人将杨乃武写的屈打成招的申诉材料递交刑部和都察院。林则徐的儿子林拱枢在刑部分管浙江刑狱，认为案情可疑，禀奏皇上细审此案。垂帘听政的慈禧太后令礼部侍郎胡瑞澜重审此案。不料，胡瑞澜害怕得罪杨昌浚，阳奉阴违，让刘锡彤的姻亲边葆诚等人代为审理，继续用酷刑逼问，致使杨乃武脚骨断裂，小白菜四指尽折，再次屈打成招。杨乃武濒于绝望，在狱中写下悲情一叹：

举人变犯人，斯文扫地；学台充刑台，乃武归天。

杨乃武家人没有放弃，四处奔走，鸣冤叫屈，日益引起社会关注。二十多位浙江士绅联名上书都察院和刑部，请求公正断案。英国商人办的上海《申报》连续报道此案，揭露官官相护，欺上瞒下，致使民间舆论压力日增。光绪皇帝的老师、时任户部侍郎和都察院左都御史的翁同龢也向慈禧太后提出重审要求，慈禧太后令刑部尚书桑春荣亲审此案，就在杨乃武和小白菜的问斩日期临近之际，转机终于出现了。

明断此案的关键是确定葛品连是否服毒而死,刑部派人挖出葛品连的尸棺,从余杭快速运抵京城海会寺重新验尸。验尸的这天,海会寺前人山人海,都想一看究竟。当验尸官宣布死者并非中毒身亡时,人们欢声雷动。在现场的一位法国记者马上跑到等候判决的杨乃武和小白菜面前,兴奋地用手比画着说"无毒!无毒",并拍下了两人身戴木枷等候处决的照片。

天理昭昭,杨乃武与小白菜终于洗雪奇冤,刘锡彤、陈鲁、杨昌濬和胡瑞澜等三十多个官员均被查办,有的革职,有的流放。

无罪释放的那天,久陷囹圄、身体衰弱的杨乃武和小白菜走出牢门。杨乃武与詹彩凤和杨菊贞相拥而泣,没有亲人来接的小白菜,独自默默地离开了。

这一天是清光绪三年(1877)农历二月十六日,距离冤案的发生已经过去了三年半。

杨乃武重获自由,但未能恢复举人的功名,他靠亲友帮助,赎回几亩桑地,以种桑养蚕为生,所育蚕种很有名气,远近都来购买。他出狱后写过一本《虎口余生》,讲述自己的蒙冤经历,1914年去世,终年74岁。

小白菜出狱后回到余杭,婆婆和家人都不接纳她,这位善良无辜的女子,受尽天大的冤屈,已经看破红尘,来到南门外准提庵削发为尼,法名慧定。她于1930年去世,终年75岁。临死前,她托人写了一张纸,向后人陈述了自己的清白和屈打成招诬陷杨乃武的实情,并表达了对杨乃武的愧疚之情:"杨二爷蒙不白之冤,乃因我受害。二爷之恩,今生无法报答,只有来世再报。"

爱仁堂药局

　　100多年来，杨乃武与小白菜案被改编成戏剧、电影和电视剧等多种艺术形式。人们不会忘记这个沉重的故事，在余杭建了小白菜墓塔和"杨乃武与小白菜奇案展示馆"，用以昭示天下，是非必须澄清，正义终将伸张。

　　如今的老余杭城面貌一新，澄清巷已拓宽成街，在公交车的站牌上还能看到"澄清巷口"的地名。仓前古镇满街都是装潢漂亮的商店饭馆，背街临河的那家爱仁堂药局还在，为杨乃武与小白菜的故事留下了一个延续百年的生动注解。

功成衣锦好还乡——衣锦街

临安老城区在吴越国时叫衣锦城，老城里还有一条老街叫衣锦街。1000多年前，有个人在这里出演了一场"衣锦还乡"的大剧，这座古城因此得名"衣锦城"。

唐大中六年（852）的一天，临安石鉴乡一户姓钱的农民家里，一个男孩呱呱坠地。家中添丁应是喜事，可父亲钱宽看到男孩相貌丑陋，认为对家族不吉利，要把刚出生的儿子扔到井里淹死。笃信佛教的阿婆（临安人对奶奶的称呼）不忍孙儿夭折，一把抢过婴儿，男孩的命就这样留下来了，从此小名就叫婆留。

阿婆对孙儿疼爱有加，常给他做锅贴饼，松脆香甜，孙儿吃得津津有味。男孩后来当了官，让夫人向阿婆学做锅贴饼，下属们吃了都说味道好，众人听说它的来历后，便把锅贴饼叫作"婆留饼"。就这样，婆留饼成了临安的一种风味小吃，流传至今。

这个小名叫婆留的人，就是吴越国国王钱镠。

钱镠生于藩镇割据、战乱不断的唐末，少时好勇善斗，长大后以贩卖私盐为生，为躲避关卡，爬荒山穿野林，练就健壮体魄和过人才干。21 岁开始从军生涯，领兵打仗有勇有谋。黄巢军队攻打临安时，守城的钱镠寡不敌众，来到一个叫八百里的地方，他让路边的老人告诉追兵，就说临安的守军屯兵八百里。黄巢大军追到这里，听老人一说，以为敌军在八百里范围排兵布阵，不敢冒进，只得退去。仅此一例，足见钱镠用兵的足智多谋。

钱镠平叛有功，被唐朝皇帝封为镇海节度使，管辖两浙十四州。907 年被封为吴越王，923 年建立吴越国。他在位时，坚持实行"保境安民"的国策，兴修水利，发展农业，广招人才，鼓励经商。钱镠在杭州建立都城后，三次扩建杭城，对杭州经济文化的繁荣发展功不可没，使吴越国成为"东南形胜第一州"，也为"上有天堂，下有苏杭"打下良好基础。钱镠因此赢得百姓的口碑，民间流传的钱王射潮更是脍炙人口的故事。

杭城地处钱塘江畔，潮水凶猛，堤坝刚筑就被冲毁，劳民耗财，却难见成效，民间有"黄河日修一斗金，钱江日修一斗银"之说。

为了彻底解决江潮祸患，农历八月十八日潮神生日这一天，钱镠精选一万名弓箭手列队六和塔前，在江边严阵以待。随着隆隆声响，潮水翻涌而来，后浪推动前浪，潮头高达一二十米。钱镠一声令下，率先对准凶猛扑来的潮头射出一箭，顿时万箭齐发，潮头受骤雨般利箭的阻挡，势头减弱，开始退去。钱镠令弓箭手一鼓作气，继续追射潮尾，大潮只好掉头向西涌去。自此，江水便在六和塔前拐弯前行，形成"之"字形，人们便把这一带叫作之江。

射退潮水后，钱镠又组织 20 万民众加紧修筑捍海石塘。经过不懈努力，终于解除了危害多年的江潮之患，百姓欢庆，把海塘称为钱王堤，又叫钱塘，称钱镠为海龙王。

钱镠成就大业后，认为"富贵而不归故乡，如衣锦夜行"。他两次荣归故里，却是判若两人。当上镇海节度使后，他回到临安，在邻里乡亲面前得意忘形，没想到父亲却闭门不愿见他。进屋后，父亲忧心忡忡地说道："我们世代都是平民，你现在成了显贵之人，如忘乎所以，必有后忧啊！"

父亲的提醒给钱镠敲了警钟，他成为吴越王后，谨慎施政，力戒奢靡。每年除夕举办宫宴，从不铺张浪费，平时生活简朴，衣被都用布做而不用绸缎，甚至帐子破了也不换新的，这些作为都跟父亲的教导不无关系。更令人称道的是，有个算卦看相的人向钱镠献策："扩建宫殿不过受益百年，不如填平西湖以扩建都城，这样大王的基业便可延续千年。"钱镠付之一笑："天下哪有千年而不出贤明君主的呢？何苦再劳民伤财！"就这样，钱镠为后代留下了一个"淡妆浓抹总相宜"的绝美西湖。

当上吴越王的钱镠再次衣锦还乡，沿途旌旗飘舞，百姓夹道欢呼。他宴请家乡父老，席间乘兴唱起自己写的《还乡歌》：

> 三节还乡兮挂锦衣，碧天朗朗兮爱日晖。功成道上兮列旌旗，父老远来兮相追随。家山乡眷兮会时稀，今朝设宴兮觥散飞。斗牛无孛兮民无欺，吴越一王兮驷马归。

一曲唱罢，不见喝彩，原来乡亲们听不懂歌词的意思。钱镠拱手向父老乡亲行礼道："我少时不懂事，多有得罪，还望各位包涵。"说完，他用临安方言唱起了山歌：

"尔辈见侬底欢喜,别是一般滋味子。永在我侬心子里。"歌声未了,众人纷纷拍手叫好。

978年,吴越归顺北宋,由此结束了70多年的建国史。在宋代编的《百家姓》中,第一句就是"赵钱孙李",钱姓排名第二,足见钱镠家族的繁荣昌盛,这个"两浙第一世家"的家族贤才众多,名人辈出,其中有钱穆、钱钟书、钱学森、钱伟长、钱三强等。

钱镠去世后,叶落归根,葬在临安城北的太庙山,墓前修建钱王祠,祠中的楹联是对钱镠最好的盖棺定论:

一代枭雄铸吴越;千秋鼎铭事中国。

深受钱镠之惠的杭州百姓,也在杭州玉皇山修建表忠观纪念钱镠。北宋时,担任杭州通判的苏东坡撰写表忠观碑记,对吴越的国泰民安和钱镠的施政功绩做了这样的评价:

其民至于老死,不识兵革,四时嬉游,歌鼓之声相闻,至于今不废。其有德于斯民甚厚。

时代的篇章翻到了21世纪,临安城新建吴越文化公园,再现了钱镠衣锦还乡的盛景。钱镠住过的吴越街上的房屋,后来改成净土禅寺,现在还能见到寺庙遗迹。当年的婆留井也保存着遗址,人们在这里憩息休闲,有老人在给孩童讲述一个遥远的故事:"从前,有一个男孩,大家都叫他婆留……"

上善若水润村风——贤口村

距离富阳区中心 20 公里的大源镇,有一个历史悠久的古村落,叫贤口村,它位于萧山、桐庐、诸暨和浦江之间,自古以来,村里人通过水路和陆路进出货物,在村中老街开店摆摊,吸引了南来北往的商家顾客。作为"土纸之乡"的贤口村,村民用手工制作的用于书画的宣纸和如厕的草纸,远近有名,民间这样形容来自诸暨、东阳和义乌的生意人:"一担猪肉来,一担黄纸去。"

说起这个村的村名,大多数人不知道"贤"这个字的发音,这个字读"yàn",传说汉字里原本没有这个字,是古代一个皇帝专门为这个村庄造的新字。这是怎么回事呢?

早在南北朝时,这个村子就有了,原先叫燕口村。村里老街上有一家药店,店主名叫李昌林,擅长采集熬制草药,专治腰痛疾病,登门求治者不断。妻子去世多年,他靠这个医术维持生计,把女儿李翠云抚养长大。

李昌林的名声传到富阳县城,县太爷一直被腰痛病所苦,四处求医,无法治愈,听说李昌林医术高明,就召他来给自己治病。经过一个疗程治疗,病情果然见好。

这时，县太爷奉命赴建康（今江苏南京）就任新职，想要李昌林同去南京继续给他治病，官命难违，李昌林带着女儿李翠云一同前往建康。

建康是南北朝时齐朝的都城，李昌林在这里行医，有了更大的天地。谁料那位县太爷触犯刑律被关进牢房。为免受株连，父女俩逃离建康，躲到荒郊野外，以采草药维持生计。

一天，父女俩来到一个悬崖前，这里少有人至，长着很多不容易见到的草药，他们正高兴地采挖着，忽然发现野地里躺着一个人，拨开草丛一看，是一个年轻男子，穿着打仗的盔甲，浑身是血，已经昏迷过去。当时正是战乱年代，救一个身份不明的军人，弄不好要被抓捕甚至砍头。但是，救人性命要紧，李昌林和女儿不顾风险，将受伤的年轻人背回茅草屋。经过父女俩的救治护理，年轻人的身体逐渐康复。他说自己带兵和齐朝的军队打仗，被敌军追赶，跌下山崖，对父女俩的救命之恩感激不尽。

年轻人得知李昌林父女从富阳来建康的经历，十分同情他们的遭遇。在养伤的日子里，李翠云为他敷药洗衣，年轻人帮她采药砍柴，烧火做饭，两个年轻人在同享甘苦的生活中渐渐产生感情。李昌林看到年轻人勤劳本分，在这兵荒马乱的时候，女儿能有托付也好放心，就让二人成了亲。

过了一段时间，年轻人身体痊愈，要回军队继续打仗。李翠云对丈夫依依不舍，她拿出一直珍藏的用玉石做的一对燕子，这是母亲留给她的纪念物，她交给丈夫一只玉燕，自己留下一只，期盼今天劳燕分飞，来日再能团聚。

送走年轻人后,父女俩为避战乱,又回到老家燕口村。不久,李翠云生下一个儿子,日子过得十分艰难,但是有儿子陪伴,又给了她生活的乐趣和希望。

转眼过了三年,李昌林生了一场大病,不久便病故了。剩下母子二人,丈夫一直没有音讯,李翠云思夫心切,终因贫病交加,卧床不起。她知道自己在世的日子不多,就将儿子托付给村里的阿婆抚养,并将那只玉燕交给阿婆,说如果有谁拿着同样的一只玉燕来寻找亲人,那人就是自己的丈夫。几天后,李翠云就去世了。

一天,阿婆正在河边洗孩子的衣服,这时来了一队人马,前呼后拥着一个人,那人气势不凡,向阿婆打听村里是否有个叫李翠云的女子。阿婆听说他们是来找李翠云母子的,想起李翠云生前的嘱咐,就要他们拿出玉燕来看看。那人果然拿出一只玉燕,阿婆把它和自己保存的那只玉燕仔细比对,完全一样,高兴地说道:"老天哪,这下总算可以让翠云放心了!"

那人找到了自己的儿子,惊喜万分,他感谢阿婆对儿子的抚养之恩,说:"阿婆,我要奖赏你,你要什么尽管说。"阿婆心想,这人好大的口气,正在将信将疑之际,旁边有人告诉她:"这是大梁国的皇帝呀!"

原来,这个当年被李昌林父女相救的人不是一般人,而是南朝时齐朝的名门子弟,西汉相国萧何的二十五世孙,名叫萧衍。他要推翻腐朽的齐朝统治,暗地里准备兵器,把砍下的竹子树木沉到檀溪河底。南朝齐中兴元年(501),他在襄阳举兵,把沉在檀溪里的竹木打捞上来制成舰船,迅速投入战斗,由于顺应民心,连连获胜,攻入齐朝都城建康,建立梁朝,当上了梁武帝,在位四十八年,是南朝当皇帝时间最长的。当然,这是后话了。

再说村里人看到阿婆家来了很多陌生人，都前来围观。阿婆面对萧衍的许诺，一时不知怎么回答，村里的长者开口说道："有难相帮是做人的本分，我们什么奖赏都不要，燕口村的百姓一向喜欢书法，就给我们村写一幅字吧！"萧衍满口答应，要来纸笔，写下"贶口"两个字，见众人不解其意，萧衍说道："我征战沙场，浴血奋战，又到处寻找失散多年的亲人，终于在燕口村见到儿子。为了感谢父老乡亲的大恩大德，请允许我把村名改一个字，就叫贶口村吧！"众人听了纷纷点头。从此，燕口村就被人们改叫成贶口村了。

关于贶口村村名的传说，现在知道的人已经不多，人们说得更多的是贶口村的善良民风，这种民风就像这个古老村子的根基，在家家户户延伸着，生生不息。

贶口村的溪坑边长着很多苦竹，村民把砍下的苦竹在溪坑里浸泡，再经过斫竹、断竹、浸料、抽丝、油漆等工序做成竹帘，成为当地特产。老街上开着很多经营竹帘的店铺，其中有一家口碑特别好，它就是唐元泰帘店。

唐元泰帘店的店主叫唐百英，这个店是他爷爷三兄弟唐双喜、唐双福和唐双泉合伙开的，爷爷唐双福排行老二，是当家人。三兄弟都结了婚，并不分家，住在一起和睦相处。他们为人厚道，善待雇工，村里一些腿脚不便的残疾人生活无靠，他们就招这些人到店里干力所能及的工作，让他们可以养活自己。斫竹、浸料是力气活，都是唐家人自己做。他们把雇工当作自家人，遇到有人身体不适，会煮面条、红枣粥给他吃。对一直没有成家的雇工，唐家还为他们养老送终，有三个没有后代的雇工，去世后都是唐家为他们料理后事，同唐家阿太葬在一道。

每年清明节，唐家后代在给祖辈上坟时，也会给这些去世的雇工点香祭祀。

真心换真心，老板这样善待雇工，雇工自然也尽心尽力地干活。唐元泰帘店制作的每一张竹帘都质量牢靠，如果发现次品，即使亏本也当废品处理。唐元泰帘店就这样打出名气，吸引了临安、孝丰甚至上海的人们赶来购买。直到20世纪20年代，上海的造纸厂已能生产香烟纸，人们仍到唐元泰帘店定制生产香烟纸的竹帘。

跸口村的老街上还有两家祠堂，一家是盛氏宗祠，一家是李氏宗祠。传说盛氏和李氏都要建造宗祠，两家宅地紧挨在一起，李氏家族发现宅基地还需增加三尺才能建房，明知宅地是寸土不让的，李氏家族还是硬着头皮和盛氏家族商量，恳请对方让出三尺地来。没想到，盛氏家族爽快地答应了，从而圆了他们的想法。

李氏家族准备动工建造祠堂，发现没有预留搭脚手架的地方，怎么施工呢？李氏家族又犯难了，觉得再让盛氏家族让地，实在不好意思开口。谁知，盛氏家族看到他们又有难处，没等他们提出，就主动再送李氏三尺地，使李氏家族终于造好了宗祠。

盛氏家族二让宅地的作为深得人们好评，于是，这个"圆三尺、送三尺"的故事便在远近村落流传开来。

如今，跸口村人正在建设美丽新农村，富裕起来的村民更加注重精神富有，跸口村成为富阳区首批"小康村"。上善若水，跸口村民的善良之心，如同村里的溪水，源源不断，润泽着代代相沿的古朴村风。

申屠百行孝为先——荻浦村

距离桐庐县城 16.5 公里的江南镇，有一个荻浦村，村子因临近荻溪而得名。别看荻浦是个小山村，却已有 900 年的历史。在这个古村落的老街上，有一座木结构的房屋叫"兰桂堂"，门楣上挂着一块匾额，上面写的是"圣旨 孝子 大清乾隆三十年浙江巡抚熊题"。想知道这块门匾的由来，就要穿越到三百多年前的荻浦了。

清康熙三十三年（1694）的一天晚上，在桐庐通往诸暨的山路上，一个年轻人正匆匆赶路。山势险峻，道路崎岖，他吃力地往上攀登，累得气喘吁吁也不停步，擦一把汗继续往前走。到了石板岭，黑云压顶，暴雨倾盆，他迷失了方向，看到岭上隐约有灯光闪烁，到近前一看，是一座空无一人的庵庙，困乏不堪的他就蜷缩在庵庙里过了一夜。

第二天天刚亮，年轻人就继续赶路。他来到诸暨一个叫横塘下的村庄，找到一位姓边的郎中，说自己家住桐庐荻浦村，求郎中去给自己的父亲治病。边郎中不愿长途跋涉去出诊，但被年轻人的孝心感动，就跟他来到荻浦村。经诊断，老人是久患痔疮，身虚体弱，服药休养一段时间即可痊愈，而这个翻山越岭、夜行百里为父求医的年轻人的孝行故事，便在荻浦一带传开了。

这个年轻人名叫申屠开基，是荻浦村的一位普通村民。

申屠开基家境贫寒，12岁就下田帮大人干活。他性情敦厚，孝顺双亲，用餐时总是让父母先吃，为父母盛饭添菜，晚上给父母端水洗脚，早晨给父母清洗便桶，冬天用体温为父母焐热被窝，夏天给父母挥扇驱蚊。父母患病时，他陪侍床边，亲口尝试药汤再喂父母，一年到头尽心服侍，从无怨言，村里人都称他是大孝子。

在申屠开基到诸暨为父亲寻医的三年后，父亲的背部长了一个大疮包，俗称"千头疮"，溃烂流脓，气味难闻，老人痛苦不堪，备受煎熬。申屠开基找了很多郎中，都说无法医治。他听说浦江县有一位专治疮痈的名医，救父心切的他带了干粮就上路了。浦江比诸暨更远，山路有野兽出没，途经羊角岭（今杨家岭）时，忽然刮来一阵大风，从林子里蹿出一只老虎挡在面前。申屠开基又惊又怕，只能祈求苍天保佑："为救重病父亲，求老天放我生路！"只见老虎朝天长吼一声，转身跑进了树林。

申屠开基历经艰险，终于请来浦江的名医。医生诊断后认为老人已病入膏肓，恐难治愈，只有排出毒疮脓血，也许还有希望。申屠开基二话不说，跪在父亲床边，嘴巴贴近疮口，舔开腐肉，吸吮脓血，吐掉后再吸，直到把脓血全部清除，才瘫坐在地上。医生和家人看了，无不感动至极。接连几天，疮包一出现脓血，申屠开基就用嘴吸出，同时让父亲服用医生开的药。经过一段时间治疗，终于医好了毒疮，医生不禁感叹："真乃奇迹！"

申屠开基不仅孝敬父母，对家里的其他人也是重情重义。他尽力照顾有病的妹妹，分家产时把好的田地房屋分给弟弟，弟弟病故后，又将年幼的侄儿扶养成人。不料侄儿也早逝，他又把侄孙当亲孙一样照顾。

在以申屠姓氏为主的荻浦村，这位大孝子的作为被记入《申屠氏宗谱》，在民间传为美谈。清乾隆十九年（1754），桐庐县衙将其事迹载入《桐庐县志》和《严州府志》，并上报朝廷。乾隆三十五年（1770），乾隆皇帝感动于申屠开基的孝道精神，授予他用以嘉奖乡里贤士的"乡饮介宾"官阶，并赐"孝子"匾额，还拨钱款在荻浦村口建孝子牌坊彰显于世，牌坊上镌刻圣谕："桐庐县孝子申屠开基，孝义兼全，旌表给银建坊。"还刻有乾隆皇帝对世人的告诫："永言孝恩，终身行孝，才能永保余庆。"自此，这个牌坊就像一面警示做人的明镜，文官到此必落轿，武官到此须下马，孝义古风在邻里乡间传扬，成为荻浦村世代延续的文脉。

历经三百多年的风风雨雨，申屠开基的故居兰桂堂因年久失修，已破败不堪。申屠开基的第九代裔孙申屠忠君，从小耳濡目染祖传的孝道文化，他秉承73岁老父申屠德福之意，放下在外地的创业，2002年回到故乡，自筹资金重修兰桂堂。门楣上悬挂写着"圣旨 孝子 大清乾隆三十年浙江巡抚熊题"的匾额，在厅堂挂起太祖公申屠开基的画像，两边配有对联"祖功垂福泽；宗德衍家声"以表心志，申屠子孙将承继文明家风，再续孝义根脉。

荻浦古村现存历史建筑四十余处，包括三座较完整的明代房屋建筑。这些建筑都彰显着孝道文化，例如有供奉申屠宗族先人灵位的申屠氏宗祠，有刻着十二孝故事壁画的佑承堂，有盛满报恩情怀的范家井（又叫父母井），还有明朝礼部尚书姚夔建的保庆堂。

申屠氏宗祠

　　说起保庆堂，也有一个尽孝的故事。明代时，一个叫申屠妙玉的15岁农家少女嫁入姚家，34岁不幸守寡，生活没有依靠，只得带着年幼的儿子姚夔回到娘家。姚夔在舅舅等申屠家人的帮扶下长大成人，他当上朝廷大官后，修建申屠氏宗祠，并搭建一座做工考究的大戏台，作为寿礼送给舅舅以示感恩。母亲申屠妙玉给戏台取名"保庆堂"，她因孝敬母族和教子行孝，被封为一品诰命夫人。

　　2007年，荻浦村与同为申屠宗族的深澳村被列为国家级历史文化名村，并被评为省级历史文化村镇，各地游客纷至沓来，徜徉十里花海，感受孝道文化。

　　走在荻浦村的老街上，只见粉墙黛瓦，古樟繁茂。有时还能看到一位中年人推着轮椅上的老人慢慢前行，那是申屠忠君在陪老父散步。他们被落日余晖染成金色的身影，和矗立村口的青石牌坊一道，演绎着一个世代相传的家族故事，延伸着一种温暖的人间情怀。

皇宫才女多村姑——西门街

位于千岛湖的淳安县城,在古代叫贺城,已有1800多年的历史。东汉建安八年(203),东吴统帅孙权派将领贺齐带兵先后平定山越、黟县和歙县等地战乱,建安十四年(209)建新都郡城,贺齐任新都郡太守,他大力兴修水利,发展农业生产,百姓安居乐业。后人为纪念这位淳安的首任知县,在县城修建贺庙,庙里供奉贺齐的塑像,并将县城叫作贺城。

到了宋代,新都郡城迁往梅城,贺城后来改叫淳安,意为淳朴安宁。历任官员注重教育,兴建书院,培养人才,光是两宋期间,这里就出了144位进士,被视为"两浙望县,严陵首邑",成为淳安县政治、经济和文化中心,人称"锦山秀水,文献名邦",李白、王维、范仲淹、沈括等古代著名文人都在此留下足迹。

贺城有一条主要街道叫西门街,西门街上有一幢古建筑,门上的匾额写着"绣衣第",它是南宋皇帝赐予的住宅,所赐对象并不是功臣名将,而是普通的宫女。这是怎么回事呢?

江浙山清水秀多美女,南宋建都临安后,朝廷令地方官员为皇宫选送美女。贺城的官员奉命走村访镇，挑选容貌出众的女子入宫。

这天，朝廷选美官员来到淳安辽源（今里商乡），打听是否有一个叫杨桂枝的女孩，结果在一户人家找到了她。女孩才十一二岁，长得眉清目秀，机灵乖巧，当即被选定送往京城临安。

原来，女孩的养母张氏是民间艺人，早年被选入宫廷乐部当了女伶，因演技出色，深得太皇太后吴氏（即高宗皇后）赏识。后来很久不见女伶上台表演，吴太皇太后询问何故，侍从答道："已死矣，有养女颇聪慧。"吴太皇太后也许是出于对女伶的思念或同情，让人到女伶的家乡淳安，将其年仅十一二岁的养女召入宫中。

养女杨桂枝不仅姿容美丽，多才多艺，而且知书会文，举止得体，深得太皇太后宠爱，留在身边陪侍，在后宫一待就是20多年。南宋绍熙五年（1194），26岁的宋宁宗赵扩即位，有一天，他到太皇太后处问安，见到杨桂枝，被她的美貌倾倒，以后便常去太皇太后那里，实为杨桂枝而来。太皇太后便让两人成了婚，封杨桂枝为平乐郡夫人，这位在后宫苦度青春的村姑就这样改变命运，当上了贵妃，南宋嘉泰二年（1202）被封为皇后。

出身寒门的杨桂枝当上皇后以后，心系家乡，体恤民情。得知浙江百姓为交"生子钱"而不堪其苦，便请求宋宁宗免去这个重赋。父老乡亲感激杨桂枝的作为，把她出生的里商乡叫作"皇后坪"，这个遗址一直保存至今。

杨桂枝的多才多艺更是历代皇后中所少见。她诗词皆通，书画兼工，书写的《道德经》字体娟秀俊健，画作《百花图卷》都是存世的墨宝。她以宫廷生活为题材写的《杨太后宫词》诗词集，也得到好评，今淳安里商乡杨家村保存的《弘农杨氏宗谱》，就刻录其中的30首，其中有一首诗表达的是求贤若渴、唯才是举的愿望：

思贤梦寝过商宗，右武崇儒治道隆。
总览权纲求治理，群臣臧否疏屏风。

淳安选送入宫的民间女子中，还有三人因为擅长刺绣，做了绣花宫女。

有一年，宋宁宗赵扩为了庆贺太平，令宫女们三个人一组绣一件衣服，绣得最好的人有重赏。三个来自淳安的应姓宫女商议后，决定为皇帝绣一件五龙戏珠赭黄袍。她们精心设计，巧手刺绣，用了三个月的时间才完工。中秋节这一天，宫女们绣的衣服都挂在金銮殿里，百官逐一评选，当看到五龙戏珠赭黄袍时，全都眼睛发亮，啧啧称奇。赵扩穿上后，果然气宇轩昂，满堂生辉，便要重赏这三个宫女。

三个宫女奉诏来见赵扩，跪谢皇恩后，说不图重赏，只求能回家侍奉父母。赵扩面露不悦神色，还是皇后杨桂枝动了恻隐之心，说道："难得一片孝心，就请皇上开恩，让她们回去孝敬父母吧。"赵扩答应了，将三个宫女赐金放还，并让工部在贺城为她们造一幢宅第，赐名"绣衣第"，供她们及其父母居住养老。

绣衣第规模宏大，分前后两厅，二层建筑，楼下东西厢房并列，楼上南北花窗相向，房屋雕梁画栋，做工精美豪华，令村民称羡不已。而绣衣第所在的地方，从此便叫绣衣弄。

三个姓应的宫女回到贺城后，将父母接到绣衣第一起居住，她们仍以绣花为业。绣过皇帝龙袍的纤纤细手，自然为绣品增添了身价，人们都慕名前来请她们绣花。

三位孝女又回归民间，男人却因其曾为宫女而不敢迎娶，她们都没有嫁人结婚。她们去世后，家人把她们住的地方叫作"应家勘"，并在绣衣第的天井里种了一株白梅，精心养护。寂寞白梅，悄然吐蕊，清香四溢，给这座老宅平添思古之幽情。受其影响，贺城很多人家也喜欢种植梅花，每到入冬季节，花开十里，连绵不绝。

20世纪50年代，淳安建造新安江水电站，全县很多地方成为库区，百姓迁移他乡。有着千年历史的贺城连同无数古镇老村，一同沉入千岛湖底，留下的是人们对这座古城的无限遐想，还有浸透了千岛湖水的故事传说。

马前泼水负薪郎——洋溪老街

位于建德市城东的洋溪街道，原先是属于建德的一个镇，叫洋溪镇。漫步洋溪老街，可以寻觅到这个千年古镇的历史文脉，还有代代相传的民间故事，其中一个故事写进了《三字经》。《三字经》里有"头悬梁，锥刺股"，说的是古人勤苦读书的典故，这已为人熟知，后面还有"如负薪"，说的便是发生在建德的一个故事，知晓者就不多了。

西汉景帝刘启继位不久，诸侯纷争，战乱不断，百姓流离失所。一个叫朱买臣的书生从吴县（今江苏苏州）逃难来到建德下涯溪畔的大周村（今大洲村），他俯身喝了几口清凉的溪水，说道："水香而善，其地可居。"村民见这个落魄书生可怜，便留他在一间茅草屋里住下。

朱买臣是一介寒儒，没有谋生手艺，靠上山打柴到集市卖点钱勉强度日。他每天上山时都带着书，干活累了便拿出来读，就连挑柴回来时，也是一路摇头晃脑地吟诵诗文，一群孩子跟在后面学他的样子，他却自得其乐。他还在门前挖了一个水池，清洗毛笔砚台，时间长了，池水都成了黑色，后人叫它涤砚池，也叫朱池。

村里一位姓崔的老人见朱买臣忠厚勤快，又识文懂理，就招他当了上门女婿，让他不用砍柴，就在家安心读书。谁知好景不长，崔老生病去世，朱买臣只得重新上山砍柴维持生计，照旧一边干活一边读书。

这样日复一日，村里人经常嘲笑朱买臣穷酸迂腐的样子，妻子更是整天埋怨丈夫没有本事。朱买臣总是宽慰妻子："我现在吃得苦中苦，以后定有富贵之日，会让你过上好日子的。"妻子听了更加来气："你只有砍柴的本事，跟你一辈子都别想有好日子过，只会饿死在山沟里！"

转眼，朱买臣到了40岁，仍然不见时来运转，妻子忍无可忍，决意离开。朱买臣苦留不住，慨然叹道："嫁鸡随鸡，嫁鹅随鹅；我不弃妻，妻自弃我！"他流泪写下休书，卷起铺盖回到原先住的茅屋里，妻子则改嫁给村里一个家境殷实的人家。从此，人们又看到山道上这个樵夫背着木柴吟诗诵文的身影。

有一年清明节，朱买臣背着柴下山，饥肠辘辘，经过一片坟地实在走不动了，靠在石头上休息。有一对夫妻在扫墓，那妻子正是朱买臣的前妻崔氏。前妻看到他饥寒交迫的样子，动了恻隐之心，拿出祭奠崔老的食物给他吃。朱买臣想到昔日的夫妻之情，不禁潸然泪下。

一晃又过了几年，年届五十的朱买臣已是学识渊博，满腹经纶。他生活在社会底层，了解民生疾苦，怀着忧患之心把治理天下的见解写成奏章，却苦于无法呈交给朝廷。

机会终于来了。当地官员每年都要运送文书物品到京城，朱买臣谋得一份押车的差事，跋涉千里，历经艰辛来到京城长安，通过同乡严助推荐呈上万言书。汉武帝阅后觉得朱买臣是个人才，便召他进宫面试，要他解说《春秋》《楚辞》。朱买臣腹有诗书气自华，慷慨陈词，颇有见地，深得汉武帝赏识，被任命为中大夫。

已到"知天命"之年的朱买臣，老天果然让他时来运转。他不负皇恩，颇有作为，后来升任主爵都尉，丞相长史，位列九卿。他不仅是朝廷重臣，在辞赋创作上也很有成就，与司马相如一同成为西汉著名的辞赋家。

西汉元封元年（前110），朱买臣因向汉武帝献计平定东越有功，被封为会稽郡太守。他重回故里任职时，穿着以前的旧衣，把官印藏在身上。到了府邸后，几个吏卒以为来了一个寒儒，只顾喝酒，没把他放在眼里，后来看到他衣服里露出的官印，方知是新上任的太守，当地官员赶忙前来拜见。

"朱买臣当上太守了！"消息很快在当地传开。村民们没有想到，当年他们把这个背井离乡的穷书生留在村里，竟然为小山村招来一位贤才。于是，后人就把村名改为招贤里，村里的石桥改叫招贤桥。

朱买臣是有情有义的人，在他的第二故乡宴请照顾过自己的邻里乡亲，发钱接济村民，正如唐代诗人白居易对朱买臣的评说："君不见买臣衣锦还故乡，五十身荣未为晚。"衣锦还乡的朱买臣并没忘记结发妻子，他到崔老坟前祭奠，跪谢老丈人的昔日之恩，并为前妻崔氏和她的丈夫修了宽敞的房子，让他们过上衣食无忧的生活。

崔氏看到前夫飞黄腾达，顿生悔意，她来到郡府找朱买臣，想要破镜重圆。朱买臣正要上马外出，崔氏跪在马前痛哭流涕，恳求重归于好。朱买臣对她说："崔老待我恩重如山，我与你有幸结为夫妻，可惜无缘白头偕老。你今已为人之妻，我乃朝廷命官，又岂能拆散他人家庭？你还是回家相夫教子，好好过自己的日子吧。"

崔氏仍不死心，跪在地上不肯离开。朱买臣看到马夫端水饮马，就说道："你我夫妻一场，好比盆中盛水，夫妻分离，犹如盆水倾覆。"他让马夫把那盆水泼到地上，说道："你要能把水收回盆里，我们就可以再做夫妻。"崔氏看着洒了一地的水，明知无法做到，悔恨交加，无地自容，不久就在院子的老槐树上自缢而死。朱买臣闻之也很伤心，给了崔氏的丈夫一笔钱，让他厚葬崔氏。唐代诗人李白后来在《妾薄命》里感叹道："雨落不上天，水覆难再收。君情与妾意，各自东西流。"

这就是"马前泼水"和"覆水难收"典故的由来，《汉书》《三言二拍》等古书里都有记载。在京剧、昆剧、评剧和婺剧的舞台上演出的《朱买臣休妻》《马前泼水》等剧目，甚至还有连环画《朱买臣休妻》，讲的都是这个故事。

2000多年过去了，在毗邻洋溪老街的朱池村，由朱买臣的故居改建的朱公祠仍在，祠后面的小山上有朱买臣墓，墓碑为明万历十一年（1583）建德知县俞汝为所立，上刻"汉右相朱公讳买臣之墓"，朱公祠前便是涤砚池。这些古迹以松涛声和鸟鸣声为背景音乐，演绎着一个负薪郎穷不丧志、勤奋成才的经典故事。

参考文献

1.〔宋〕吴自牧：《梦粱录》，二十一世纪出版社集团，2018年。

2.〔清〕丁丙：《武林坊巷志》，浙江人民出版社，1990年。

3. 钟毓龙：《说杭州》，《西湖文献集成》第11册，杭州出版社，2004年。

4. 马时雍主编：《杭州的街巷里弄》，杭州出版社，2006年。

5. 傅伯星：《杭州街巷旧闻录》，杭州出版社，2007年。

6. 朱金坤主编：《杭州老房子（再编）》，中国美术学院出版社，2007年。

7. 刘晓伟：《杭州老街巷地图》，浙江摄影出版社，2005年。

8. 孙跃：《杭州的名人》，杭州出版社，2003年。

9. 王锡才编：《白马湖传说》，西泠印社出版社，2014年。

10. 蒋水荣编：《大杭州名胜古迹民间故事集》，浙江摄影出版社，2002年。

11. 朱睦卿主编：《洋溪老街的故事》，百花文艺出版社，2015年。

12. 杭州市地名委员会办公室编：《杭州市地名志》，浙江人民出版社，1990年。

13. 杭州市拱墅区政协编：《运河边的街巷》，杭州出版社，2013年。

14. 杭州日报社编：《钱塘轶事（杭州地名故事）》，华艺出版社，1995年。

15. 杭州市下城区政协文史委编：《武林话旧》，2002年。

16. 钱益知：《杭州地名史话》，中国国际广播出版社，2017年。

丛书编辑部

郭泰鸿　安蓉泉　尚佐文　姜青青　李方存
艾晓静　陈炯磊　张美虎　周小忠　杨海燕
潘韶京　何晓原　肖华燕　钱登科　吴云倩
杨　流　包可汗

特别鸣谢

仲向平　方龙龙　盛久远（系列专家组）
魏皓奔　赵一新　孙玉卿（综合专家组）
夏　烈　陈歆耕（文艺评论家审读组）

供图单位和图片作者
杭州市城市建设档案馆
于广明　王　川　艾　琳　卢晓明　叶子依
叶建华　刘晓伟　陈建荣　周　宇　周兔英
姚建心　韩　盛（按姓氏笔画排序）